Wydiane Khaoua et Daniel Briez

LA MAGIE DES PIERRES ET CRISTAUX

LEDUC poche

Des mêmes auteurs aux éditions Leduc :

Ma Bible des pierres et cristaux, 2020.

Les 12 pierres essentielles de votre bien-être, coll. « C'est malin », 2018.

Cet ouvrage est une reprise de contenu de certains passages de *Ma Bible des pierres et cristaux*, paru en 2020.

Suivi éditorial : Bleuenn Jaffres
Correction : Nathalie Billaut
Relecture : Agnès Duhamel
Maquette : Élisabeth Chardin
Adaptation en poche : Patrick Leleux PAO
Visuels : photographies personnelles des auteurs et photographies issues de Adobe Stock
Design de couverture : Antartik

10, place des Cinq-Martyrs-du-Lycée-Buffon
75015 Paris – France
ISBN : 979-10-285-2425-8

SOMMAIRE

INTRODUCTION

Ces dernières années, vous avez sûrement entendu des personnes de votre entourage parler de « lithothérapie ». Certaines portent des bracelets ou de petites pierres dans la poche, d'autres écartent le sujet sans l'avoir expérimenté. D'autres encore dorment avec des pierres et témoignent du mieux-être qu'elles ont expérimenté. Entre ces différents retours et les multiples discours sur le sujet, il est difficile de se sentir à l'aise pour explorer ce domaine sans réticence ni une certaine suspicion. Vous avez néanmoins pu constater qu'il y avait de plus en plus d'« ambassadeurs des pierres », et votre curiosité ou votre intuition vous pousse entre autres à ouvrir cet ouvrage car l'utilisation des pierres vous interpelle. À raison !

La lithothérapie est une pratique millénaire naturelle qui utilise les minéraux et les cristaux pour réguler certains déséquilibres. La lithothérapie moderne est l'art d'utiliser les minéraux et cristaux pour améliorer votre bien-être, que ce soit au niveau émotionnel, énergétique, voire physique. Le mot « lithothérapie » est d'origine grecque, comme cela est souvent le cas dans le domaine médicinal. Le terme « litho » vient du grec ancien *lithos* et signifie « pierre ». Le terme « thérapie » découle, lui, du grec ancien *therapeia* qui signifie « soigner ». La lithothérapie, c'est donc étymologiquement le fait d'utiliser des *lithos*, pierres, pour *therapeia*, soigner. C'est une sorte de « médecine douce » complémentaire à la médecine traditionnelle, l'une ne remplace pas l'autre. Elle constitue une excellente « médecine » préventive efficace sur les désordres somatiques, psychologiques et émotionnels.

Le lien entre l'humain et la pierre remonte bien avant l'apparition des formes de médecine moderne, avant même la préhistoire. On en a trouvé des traces en Mésopotamie, berceau de l'Humanité. Les Sumériens utilisaient les pierres dans leur vie quotidienne (confection d'outils, instruments de chasse, soins, feux, etc.). À cette époque, les pierres étaient considérées comme essentielles, traitées comme des divinités et invoquées pour améliorer force et réflexes. Si la lithothérapie n'existait pas encore, elle était déjà induite par la pratique quotidienne.

Les premières civilisations (Mayas, Aztèques et autres peuples d'Amérique du Sud) ont observé et senti l'impact des pierres dans leur vie. Parce qu'ils percevaient que les vertus médicinales des pierres sont liées à des forces cosmiques, ils les ont associées au divin en confectionnant avec des statues, des bijoux, des objets précieux, des couteaux de sacrifice ou des symboles de pouvoir. Mais c'est bien l'Égypte ancienne qui a, la première, considéré comme une science l'usage des pierres à des fins médicales. Les prêtres-guérisseurs et médecins égyptiens se sont intéressés à l'influence de la couleur, de la composition et de la vibration naturelle des pierres pour soigner corps et esprit. Ils ont développé de nombreuses techniques basées sur leur application.

Civilisation après civilisation, depuis les Grecs jusqu'à l'Empire romain, la pratique s'est codifiée de façon méthodique. Ces recherches ont fait passer la lithothérapie du statut de culte religieux ou symbolique au statut de pratique médicinale, les deux étant intimement liés.

La chute de l'Empire romain a vu une terrible perte du savoir autour de la lithothérapie. Au Moyen Âge, les alchimistes se lancent dans la quête d'une pierre miraculeuse censée soigner la maladie et transformer le plomb en or : la pierre philosophale. Ils associent cette pierre aux anciens philosophes qui la décrivent comme la pierre miraculeuse permettant d'atteindre les plus hauts niveaux de la conscience humaine et permettant la transmutation de la matière. En vérité, cette pierre rarissime n'est pas unique. Ces savants découvrent que de nombreuses pierres peuvent être utilisées pour accompagner l'équilibre de l'humain. L'époque voit naître quelques recueils sur les pierres précieuses et leur utilisation en médecine, notamment l'ouvrage de Hildegarde de Bingen, religieuse qui a étudié les bienfaits des plantes et des minéraux.

En parallèle, les savants arabes, qui bénéficiaient à l'époque d'une des médecines les plus avancées, font progresser la lithothérapie. Ils perfectionnent la classification, le symbolisme et les propriétés des pierres dans la continuité des travaux des prêtres-guérisseurs égyptiens, en se basant sur les traditions indiennes et chinoises qui attribuent des vertus curatives aux pierres précieuses en lien avec les Chakras, centres énergétiques du corps humain.

À la Renaissance, les recherches scientifiques s'accélèrent et l'Europe redécouvre la lithothérapie. Le soin par les pierres connaît alors de grandes avancées et fait partie intégrante de la médecine, poussée, entre autres, par la création des bases de la pharmacie moderne.

Pour des questions relevant essentiellement de lutte de pouvoirs politique et financier, la médecine dogmatique de l'époque rejette les formes de médecines plus anciennes pourtant étayées par des millénaires d'études et de bon sens populaire, alors que les livres de chimie des années 1850 trouvent tous leurs bases dans l'étude du minéral où les éléments chimiques sont identifiés à partir des roches qui les révèlent…

Il faut attendre le xxe siècle pour que la lithothérapie soit à nouveau considérée comme une véritable discipline. C'est lors des mouvements des années 1960-1970 que les thérapies basées sur le pouvoir des pierres trouvent leur chemin jusqu'au grand public. Depuis cette époque, de nombreuses recherches empiriques sont menées.

Aujourd'hui, alors que le minéral est présent dans l'intégralité de nos technologies à travers les microprocesseurs (ordinateurs, montres, téléphones, capteurs photovoltaïques), l'utilisation des pierres pour le bien-être se démocratise et trouve son audience auprès de publics d'horizons et de cultures complètement différents sur la Planète.

De plus en plus, l'humain ressent la nécessité de retourner vers la Nature et apprend à l'apprivoiser pour retrouver son équilibre.

La lithothérapie prend tout son sens alors que nous entrons dans un nouveau cycle d'évolution grâce à l'émergence d'une nouvelle conscience prenant plus en compte la préservation de la Planète et de ses trésors.

Que vous soyez vous-même curieux, suspicieux, passionné, cartésien, intuitif, jeune, moins jeune, sensible aux pierres ou non, ce livre est destiné à vous aider à mieux comprendre pourquoi les pierres vous interpellent, à vous faire une idée sur le sujet et surtout à vous montrer comment faire vos propres expériences avec ces « cailloux » fascinants et mystérieux. Ce sont toutes ces questions auxquelles nous tenterons de répondre en partageant avec vous une vision reposant sur l'accompagnement des autres et sur notre expertise professionnelle.

Cet ouvrage est destiné à vous accompagner dans la découverte (ou la redécouverte) de l'univers des pierres destinées au bien-être, en théorie et en pratique. Il n'est pas une énième énumération des multiples variétés de minéraux qui existent sur Terre, mais le résultat d'années d'un travail ciblé, d'observations et d'expérimentations qui ont permis d'actualiser la connaissance et la vision de la lithothérapie moderne.

POURQUOI LES PIERRES... ?

Cela peut paraître enfoncer une porte ouverte que de dire : la pierre est naturelle. Véritable trésor de la Planète, c'est en son sein qu'elle a, durant des millions d'années, poussé lentement mais sûrement, selon certaines conditions géologiques. Elle est donc un pur fruit de la Terre et n'a subi aucune contrainte d'éducation, de religion, de croyance, de conditionnement, de relation, d'événements, de culture.

De la même façon, la pierre est tellement protégée par des couches sédimentaires qu'elle n'a pas pu accumuler les pollutions diverses que les plantes et nous-mêmes subissons malgré nous. D'autre part, son âge est tel que l'Humanité ne peuplait pas encore cette planète quand elle s'est développée. La pierre est donc naturellement vierge de toute empreinte spécifique aux difficultés existentielles et vitales de notre ère.

Cette rare forme de neutralité permet aux pierres d'être vierges de toute trace en dehors de leur propre constitution, et donc de leur énergie propre et singulière.

Il est très rare aujourd'hui de pouvoir tenir entre ses mains des objets naturels qui détiennent de telles spécificités dénuées de toute création et de tout cadre humain. C'est pourquoi, entre autres, les pierres constituent de fabuleux compagnons de route pour l'Homme.

Alors en bref, l'intérêt majeur d'être au contact des pierres est qu'elles nous ramènent, avec bienveillance, à l'essentiel sans que nous ayons à nous poser la moindre question. Elles nous permettent en outre une autonomie totale dans notre cheminement, par un biais naturel. C'est leur cadeau et leur véritable richesse.

Vous sentirez au long de cet ouvrage que nous parlons des pierres comme d'êtres vivants. C'est une véritable histoire d'amour qui s'instaure avec chacune des pierres que nous rencontrons et que nous choisissons. Une histoire d'amour avec la Planète, avec l'Univers, avec nous-mêmes. La qualité de vécu que les pierres nous permettent de mettre en place améliore considérablement les relations que nous avons avec l'environnement, l'extérieur, les autres et nous-mêmes.

LE POIDS : DES EFFETS PROPORTIONNELS

Malgré ce qu'on nous dit lorsqu'on débute, penser obtenir des résultats extraordinaires avec une pierre de 20 à 40 grammes que vous allez porter sur vous reste illusoire… Sur le plan énergétique, une pierre de ce poids se sature en quelques minutes. Une fois saturée de votre énergie, elle ne peut que vous restituer votre propre énergie. Au mieux, vous obtiendrez un effet placebo provenant de la croyance que vous posez sur la pierre, si vous croyez très fort en son effet. Au pire, vous ne sentirez rien et décréterez que toutes les pierres sont inutiles, sans distinction. Vous pourrez aussi ressentir une sensation désagréable, parce que votre pierre aura été dans votre poche durant plusieurs jours ou plusieurs semaines et se sera « chargée » (comme une pile électrique) de toutes les énergies (bonnes ou mauvaises) que vous aurez rencontrées.

Imaginez que votre espace intérieur est une maison, que tous les événements vécus dans cette maison ont bousculé les meubles de leur place d'origine, et que s'est installée une forme de chaos. Dire « je souhaite aller mieux » reviendrait à dire : « j'aimerais remettre les meubles à leur place ». Dans ce cas, vous aurez recours à deux ou trois déménageurs (pierres de format convenable), mais vous ne demanderez pas à une nurserie (petites pierres du format d'un pendentif, d'une pierre roulée ou d'un bracelet) de venir vous aider. Attention, nous ne blâmons pas les petites pierres ou bijoux (elles possèdent le mérite de vous introduire à la cohabitation avec les pierres et de faire connaissance), mais il nous semble important de ne pas demander l'impossible à un petit caillou, aussi magnifique soit-il.

Les résultats que vous obtiendrez avec une pierre sont directement proportionnels au poids et à la qualité de celle-ci. Autrement dit, vous ne pouvez pas espérer obtenir des résultats tangibles et durables avec une pierre pesant moins de 200 grammes. Seule une pierre proportionnée à votre masse corporelle (à partir de 200/300 grammes minimum pour une masse corporelle de 50/60 kilos) donne des résultats tangibles. Les pierres de soin peuvent aller jusqu'à plusieurs kilos, si nécessaire.

Il est bien entendu impossible de mettre une pierre de ce poids dans sa poche ; il est préférable et autrement plus efficace de la tenir dans sa main un quart d'heure par jour à la maison ou de dormir avec. Les pierres trop petites sont trop faibles pour supporter votre charge d'énergie quotidienne ainsi que celle de votre environnement.

À NOTER

Votre pierre doit être nettoyée régulièrement, de préférence après chaque usage (voir « Nettoyer vos pierres : pourquoi, comment ? », page 29).

En résumé, pour qu'une pierre soit efficace, il faut :

- qu'elle soit de qualité (1er choix ou extra) ;
- qu'elle possède un poids suffisant par rapport à votre masse corporelle (200/300 grammes minimum pour 60 kilos) ;
- qu'elle ait été respectée, du moment de son extraction jusqu'à son arrivée entre vos mains ;
- qu'elle soit bien utilisée et bien entretenue.

COMMENT CHOISIR VOS PIERRES ?

Quelques conseils préalables avant de choisir une pierre susceptible de contribuer à votre mieux-être.

Allez à l'essentiel

Concrètement, comment choisir une pierre qui vous corresponde réellement et vous apporte un mieux-être effectif ?

Lorsque vous lisez un ouvrage sur les pierres, vous éprouvez parfois le sentiment d'avoir besoin de tout… Dans l'absolu, ce n'est pas tout à fait faux ! Cependant, en pratique, mieux vaut aller à l'essentiel. Les pierres sont toutes belles, intéressantes et utiles. Mais allez-y par paliers. Les pierres bougent des choses en vous. Chacune apporte inévitablement un changement (corps, esprit, énergie).

Vous ne pouvez pas remettre en question, en même temps, tous les fonctionnements que vous avez mis une vie à construire. Il convient donc de respecter les rythmes dont votre corps et votre être ont besoin pour intégrer de nouvelles informations, de nouveaux positionnements et de nouvelles façons de vivre. Il s'agit de vous laisser le temps d'assimiler les transformations que le contact avec les pierres éveille en vous.

Misez sur la qualité plutôt que sur la quantité

Comme dans de nombreux domaines (alimentation, huiles essentielles, relations humaines, etc.), il est beaucoup plus efficace d'opter pour « moins mais mieux » plutôt que pour « plus mais médiocre ».

Concrètement, mieux vaut investir une fois par an (seulement si besoin !) dans une pierre d'un bon poids et d'une belle qualité plutôt que d'accumuler une multitude de petites pierres moyennes ou de basse qualité qui, en définitive, représenteront le même budget, sans pour autant vous satisfaire quant aux résultats obtenus.

Vous ne regretterez jamais l'acquisition d'une belle pièce, même si elle constitue une « folie » (par définition irrationnelle). Vous l'avez avec vous pour la vie. Elle vous le rendra toujours, en termes de bien-être, de détente. Cela sera moins évident avec des pierres moyennes, de trop petits galets ou, pire encore, avec des pierres « roulées[1] » inadaptées à une démarche de bien-être qui, en plus d'être trop petites, sont produites avec des minéraux de 3e ou 4e choix.

Si vous êtes face à des professionnels compétents, ils doivent vous indiquer le format d'une pierre adaptée à vos besoins que vous sentirez à son contact.

À NOTER

Aussi étrange que cela puisse paraître, une pierre qui pouvait sembler « **énorme** » ou trop lourde lors de son acquisition vous donnera, quelques semaines plus tard lorsque votre corps se sera habitué à sa présence, le sentiment d'avoir rétréci.

1. Pierres « roulées » : fragments de roche polis mécaniquement pendant une longue durée ; on utilise exclusivement des qualités « moyennes », les galets de plus grand format sont polis manuellement.

Nul besoin de s'y connaître !

C'est là un des atouts majeurs des pierres… Aucune connaissance ou croyance n'est requise pour bien choisir une pierre ou pour qu'elle fonctionne (nous dirions même : au contraire !). Il suffit que la qualité de la pierre soit bonne, que son poids soit suffisant pour l'usage que vous voulez en faire.

La pierre devient aujourd'hui un nouveau champ d'expérience. Libre à vous de le vivre. Le meilleur conseil que nous puissions vous donner est d'aborder la pierre sans autolimitation, sans autojugement et surtout sans préjugé. Seuls ceux qui essaient la pierre chez eux en respectant les conditions requises peuvent témoigner de leur expérience directe. Tout le reste n'est que théorie fondée sur des idées toutes faites…

GARE AUX NON-PROFESSIONNELS DE LA PIERRE...

Aujourd'hui, de nombreuses personnes donnent des conseils parce qu'elles ont suivi un stage d'initiation de quelques jours ou parce qu'elles travaillent avec quelques pierres dans un cadre privé ou thérapeutique. Ne vous fiez qu'à de vrais professionnels. Devenir un professionnel demande de longues années d'apprentissage et de pratique personnelle. Ils sont encore malheureusement trop peu nombreux. Nous voyons parfois des personnes arriver vers nous avec des listes importantes de pierres qu'un « thérapeute » **leur a conseillées, ou après avoir relevé des indications fantaisistes dans un livre. Ces pierres sont souvent impossibles à trouver** ou alors atteignent des prix insensés du fait de leur rareté. Souvent aussi, ces personnes se dirigent automatiquement vers de petites pierres ou vers des bijoux qui feront office de gri-gri.

Tout le monde peut utiliser les pierres, mais les conseiller est un métier. La pierre n'est pas un gadget. Aussi, soyez prudent et prenez le soin de faire valider les conseils des personnes en qui vous avez confiance (thérapeute, ostéopathe, amis, famille, collègues, etc.) par des professionnels de la pierre (juste au cas où !)...

Choisir une pierre à l'intuition

La façon la plus sûre pour choisir une pierre consiste à laisser fonctionner votre ressenti, même si vous pensez n'avoir aucune intuition ! Partez du principe qu'une pierre ne doit pas vous laisser indifférent. Elle doit éveiller en vous une sensation ou un sentiment (envie, curiosité, peur, répulsion, dégoût). Elle peut vous sembler belle, attractive, ou alors vous donner une impression désagréable. Peu importe l'effet qu'elle produit. Il faut prendre en considération le fait qu'elle interpelle quelque chose en vous, même si cela n'est pas formulable. Si tel est le cas, vous êtes déjà sur la bonne piste…

Laissez-vous porter par les couleurs, les formes, les textures… et surtout ne réfléchissez pas ! Il vous faut agir avec la spontanéité d'un petit enfant. Allez là où cela vous dit d'aller, sans analyse quelconque. Laissez votre main toucher telle ou telle pierre. Avoir envie de prendre en main une pierre (parmi tant d'autres) est déjà un signe en soi. Il s'agit d'une réaction spontanée liée à la résonance naturelle existant entre votre corps et cette pierre. En choisissant une pierre de cette façon, vous répondez instinctivement à la « demande » qu'exprime votre corps. Il convient donc de vous laisser aller vers les pierres qui vous attirent (ou qui vous interpellent fort) sans vous préoccuper de leurs fonctions, de leurs usages, en mettant de côté le mental ou le besoin de comprendre.

Aux adeptes du pendule, nous recommandons de ne pas vous en servir pour guider votre choix, dans la mesure du possible. Le pendule est certes un prolongement du corps, mais il est encore plus intéressant d'écouter directement votre intuition, sans intermédiaire…

Choisir une pierre avec l'aide d'un expert

Si vous n'êtes pas sûr de vous (ce qui est souvent le cas au début), vous pouvez vous appuyer sur les conseils d'un expert. Choisir des pierres en fonction de leur action s'inscrit dans une démarche de mieux-être pour accomplir un travail plus ciblé, orienté vers un besoin spécifique, plus ou moins formulé.

Le professionnel de la pierre est quelqu'un de sensible. Il possède une écoute lui permettant d'entendre entre les mots, lors d'un échange avec vous. Pour ce faire, et afin d'adapter au mieux son conseil, il vous posera sûrement quelques questions afin de cerner plus précisément votre besoin et d'en déduire la pierre qui serait la plus adaptée pour vous.

Il nous arrive fréquemment de conseiller une pierre qui ne répond pas forcément à la demande première d'une personne, mais à une demande plus sous-jacente, parfois inconsciente. C'est l'échange qui permet au conseiller de cibler au plus juste. Néanmoins, même dans le cas où l'on vous recommande telle ou telle pierre, prenez le soin de sélectionner vous-même la forme, le poids et la couleur qui vous plaisent.

À NOTER

Il se peut que vous n'aimiez pas la pierre qu'on vous propose, voire que vous la détestiez. Elle s'avérera alors probablement très efficace, car un profond rejet révèle toujours de profonds déséquilibres. Il est, dans ces cas-là, nécessaire de mettre en mouvement certains aspects problématiques bien ancrés. Mais rassurez-vous : très globalement, les pierres auront tendance à vous fasciner plutôt qu'autre chose !

Cela pour dire qu'un conseil expert n'est pas toujours censé vous « brosser dans le sens du poil ». Le but du professionnel est de vous procurer rapidement un mieux-être au moyen de l'utilisation quotidienne d'une pierre. La franchise est donc de mise… Important : bannissez les conseils qui vous promettent « protection », « chance »,

« retour d'affection », etc. Il n'existe pas de pierre miracle qui arrangerait tous les aspects de votre vie en la glissant simplement dans votre poche ou en la portant à votre poignet.

L'expert doit repérer, avec votre aide, un dysfonctionnement X ou Y créant un inconfort dans votre vie. Il doit ensuite vous conseiller la pierre ayant l'énergie la plus appropriée pour vous apporter, par résonance (même si la pierre ne vous plaît pas), un meilleur confort. Il doit bien évidemment vous expliquer pourquoi il vous conseille cette pierre. Ensuite, il doit vous accompagner dans le choix d'une pierre précise, en vous laissant d'abord regarder par vous-même. Si la pierre que vous avez choisie est trop imposante ou trop limitée en poids, il doit vous aider à ajuster ce poids pour vous, en fonction de vos besoins.

Choisir une pierre par le Thème de Cristal®

Une façon plus spécifique de choisir ses pierres se fait à travers la découverte de votre « Thème de Cristal® » de naissance. Le « Thème de Cristal® » a été créé en 1996 par Daniel Briez. C'est le résultat d'un calcul prenant en compte l'ensemble de vos prénoms, de votre nom de famille de naissance et de votre date de naissance (informations officielles inscrites sur votre extrait de naissance). Le Thème de Cristal® permet de déterminer une liste de treize pierres (par exemple : Pierre de Base, Pierre de Transformation, Pierre d'Expression, Pierre de Passage, Pierre de Réalisation, etc. – soit treize positions au total). La détermination de chacune de ces treize positions permet d'identifier treize pierres dans un référentiel de trente-trois possibilités. Chaque pierre indique une typologie qui vous est propre. Vos treize pierres constituent un assemblage unique qui ne se reproduit chez aucune personne. Il s'agit des caractéristiques principales de votre identité et de votre nature profonde.

Le Thème de Cristal® est ainsi une véritable « carte d'identité » qui nécessite, pour le néophyte, une lecture commentée par un spécialiste. Cet outil novateur apporte à chacun une compréhension simple et directe de ses mécanismes intérieurs. Il propose de véritables pistes concernant vos motivations et vos aspirations profondes.

Son intérêt réside dans le fait de révéler, traduire et repérer quelles sont les causes de vos difficultés majeures sur le plan énergétique, de vos verrous, de vos tensions, de vos croyances, etc., mais aussi quels sont vos potentiels et vos qualités. Ce sont bel et bien les obstacles que vous rencontrez qui vous empêchent de vivre une vie qui vous convienne totalement, et qui nourrissent donc au quotidien une tension patente. Le Thème de Cristal® est un excellent moyen, par exemple, pour définir un parcours professionnel ou éliminer les sources d'un conflit familial.

Les pierres de votre Thème de Cristal® sont particulièrement adaptées pour déverrouiller des blocages qui vous empêchent de vivre ce que vous portez réellement en vous. Ce sont des pierres « sur mesure » qui constituent des leviers parfaits pour vous accompagner dans votre évolution au quotidien. Notre expérience dans l'accompagnement des personnes au moyen du Thème de Cristal® nous a permis, depuis plus de quinze ans, de constater l'extrême pertinence de cet outil (www.le-theme-de-cristal.com).

Avertissement

Le Thème de Cristal® est le résultat de longues années de recherches par Daniel Briez, nécessitant la garantie d'une grande justesse de lecture. Il ne s'obtient que par des personnes et des points de vente **agréés et formés par ses soins**.

Aucune personne autre que celles certifiées dans les établissements agréés n'est autorisée à utiliser et commenter le Thème de Cristal® à des fins de conseil. Hélas, comme tout outil pertinent, il existe des contrefaçons, qui ne garantissent nullement la justesse des calculs ni les commentaires qui sont donnés.

Une fois votre Thème de Cristal® interprété, le conseiller choisit avec vous l'une des pierres qui ressort comme étant celle dont vous avez le plus besoin dans un premier temps afin de libérer tel ou tel aspect encore verrouillé en vous.

Force nous est de constater que malgré toutes ces années de pratique, le Thème de Cristal® nous bluffe encore par la pertinence et la justesse des informations qu'il donne à chaque personne pour qui nous l'interprétons.

Choisir une pierre sur Internet, c'est possible ?

On pense souvent que les pierres doivent être choisies en fonction d'un ressenti physique et qu'il faut les toucher. Mais peut-être habitez-vous trop loin d'un point de vente de qualité : vous ne pouvez ainsi bénéficier du meilleur conseil et des plus belles sélections de pierres.

Dans ce cas, mieux vaut acheter une pierre en ligne sur un site qui vous inspire confiance. Comment le sélectionner ? Par la qualité des textes et des photos qui sont proposés, et la compétence des auteurs. Ce choix sera plus pertinent que de vous résigner à aller dans une boutique qui ne répond pas à vos critères ou attentes. N'oubliez pas que vous achetez une pierre pour la vie, et que quelques efforts aujourd'hui vous économiseront des déceptions demain.

Vérifiez donc que le site propose de vous échanger ou de vous rembourser si la pierre reçue ne vous convient pas. Puis choisissez votre pierre selon les mêmes critères que ceux indiqués dans les paragraphes ci-avant. L'achat en ligne d'une pierre peut se faire soit via un entretien téléphonique en direct avec les conseillers du site, soit de façon autonome en vous laissant guider au fil des photos et des textes présentant les pierres sur le site.

N'hésitez pas à téléphoner aux conseillers de la boutique en ligne pour être accompagné à distance dans votre choix (un vrai professionnel n'a pas besoin de voir la personne pour bien la conseiller ; un échange suffit). Vous pourrez alors être rassuré et sûr de votre décision, tant au niveau de la pierre que de son poids. Quant à la pierre en elle-même, c'est grâce aux photos de pièces uniques que vous pouvez la choisir à l'œil, comme vous le feriez sur place en boutique.

Entre autres sites qui vont vous parler dans vos explorations, le site www.cristaux-couleurs.com est une expérience qui pourra vous guider dans vos recherches.

Nettoyer vos pierres : pourquoi, comment ?

Les pierres mémorisent tout ce qu'elles rencontrent. Elles sont naturellement émettrices et réceptrices. Ainsi, lorsque vous les touchez, un échange se produit aux niveaux physique et vibratoire. La pierre s'imprègne de vos énergies. Lorsque la pierre est saturée par votre énergie, elle n'émet plus la sienne. D'où la nécessité de procéder régulièrement à un nettoyage de vos pierres, d'autant plus si vous les utilisez souvent. Plus la pierre est petite, plus elle s'imprègne vite de vos énergies (voir page 13).

Nous allons voir ensemble les diverses méthodes de nettoyage ; mais sachez que la méthode à employer avec votre pierre dépend de sa nature et de sa composition minérale. Dans la deuxième partie de cet ouvrage, nous vous indiquerons, dans la fiche de chaque pierre, le type de nettoyage à appliquer spécifiquement à celle-ci.

Avec de l'eau, par trempage

La plupart des pierres aiment l'eau. Elles se dégagent de l'énergie mémorisée à votre contact par immersion. Il suffit de nettoyer votre pierre après chaque usage prolongé (quelle que soit la taille de la pierre) :

- le matin, si vous avez dormi avec ;
- la nuit, si vous l'avez utilisée dans la journée.

Pour ce faire, remplissez un grand bol, un saladier, voire une bassine selon la taille de votre pierre, avec de l'eau froide du robinet.

Utilisez, dans la mesure du possible, un récipient fabriqué dans une matière noble en verre ou céramique, mais pour les grosses pierres, ce n'est pas un problème si vous n'avez que du plastique. Les produits issus de l'industrie pétrochimique émettent une fréquence vibratoire basse, mais c'est mieux que rien.

Rincez d'abord votre pierre sous un jet d'eau froide durant quelques secondes, puis déposez-la dans le récipient de manière qu'elle soit complètement immergée (il ne faut pas qu'un bout de la pierre dépasse de la surface de l'eau).

Laissez la pierre tremper ainsi durant quelques heures, en sachant qu'il n'y a aucun problème à ce qu'elle reste ainsi immergée la journée entière.

À la fin du trempage, retirez la pierre du récipient, rincez-la de nouveau sous un jet d'eau froide durant quelques secondes et essuyez-la avec un torchon propre.

Avec de l'encens, par fumigation

Certaines pierres supportent mal le contact avec l'eau, car elles peuvent se dégrader : c'est le cas des pierres qui contiennent majoritairement du fer, du cuivre ou du soufre, ainsi que les pierres fragiles comportant des cristallisations très fines ou dentelées.

Dans ce cas, le nettoyage s'opère **par fumigation** avec l'aide de résine d'encens naturel – le **benjoin** et l'**oliban** sont les plus appropriés pour cela. Vous les trouverez sur Internet ou dans des librairies et boutiques spécialisées dans le bien-être.

Procurez-vous du charbon de bois en pastilles. Allumez une pastille jusqu'à ce qu'elle soit incandescente. Posez alors dessus quelques grains de résine de benjoin ou d'oliban.

À NOTER

N'utilisez pas d'autres encens ou des mélanges, qui apportent des énergies différentes.

Munissez-vous d'une passoire. Lorsque la fumée se dégage, placez votre pierre dans la passoire, ou dans vos mains si elle est trop grosse, et passez-la dans la fumée pendant quelques minutes. Lorsque vous sentez que cela suffit, arrêtez l'opération.

PAS BESOIN D'EN FAIRE PLUS !

Le respect du mode de nettoyage permet à une pierre de poids suffisant et de belle qualité de vous accompagner toute votre vie. Une fois le nettoyage opéré, vous pouvez réutiliser votre pierre telle quelle, propre et disponible. Il n'est aucunement nécessaire de « recharger » une pierre en l'exposant au soleil, à la pleine lune ou par la pensée. La pierre dispose de son énergie propre. La Nature n'a jamais eu besoin de la volonté humaine pour aller bien, au contraire. Les pierres n'ont pas vu la lune ou le soleil, dans leur environnement naturel, durant des millions d'années sous terre, alors pourquoi en auraient-elles besoin maintenant... ? Il suffit de les dégager de vos propres énergies comme expliqué ci-avant pour qu'elles retrouvent leur nature, leur puissance et leur efficacité sans avoir besoin de faire quoi que ce soit de plus !

Pour une pierre de plusieurs kilos (à partir de 4-5 kilos), le nettoyage à l'eau peut se faire une fois toutes les trois utilisations, car elle met plus de temps à se charger ; elle est donc efficace plus longtemps sans nécessiter de nettoyage. À partir de 10 kilos, le nettoyage à l'eau n'a plus lieu d'être car la pierre mute les charges automatiquement. Pour les pierres se nettoyant par fumigation, c'est à partir de 5 kilos que le nettoyage n'est plus nécessaire.

Le nettoyage n'est de mise, pour les pierres de poids inférieur, que lorsque vous les touchez durant plus de cinq minutes ou lorsque vous dormez avec.

Où trouver des pierres ?

En boutiques spécialisées

Malheureusement, il y en a trop peu. Pourtant, c'est là que vous avez le plus de chance de trouver des pierres correspondant à ce que vous recherchez. Surtout, n'hésitez pas à poser des questions pour évaluer les compétences des personnes qui vous recevront. Interrogez-les sur l'éthique et la conscience qui ont prévalu à la transformation des pierres, du lieu d'extraction jusqu'à vous. C'est dans ces endroits-là que vous devez être le plus exigeant quant à la qualité de conseil des gens supposés être de véritables professionnels. Avant de faire votre choix, toutes les questions mentionnées ci-avant dans le paragraphe « Votre ressenti, le meilleur des conseillers » vous seront utiles.

Dans les salons de bien-être

Certains salons bio ou de médecines alternatives comptent fréquemment, parmi leurs exposants, des vendeurs de pierres. Il convient, en salon, de faire la distinction entre opportunistes et professionnels. Les règles de sélection sont exactement les mêmes qu'en boutique spécialisée.

La proximité de concurrents vous permet de procéder à une comparaison efficace et immédiate. En un coup d'œil rapide à l'ensemble des exposants, vous aurez déjà une idée du stand le plus adapté à vos besoins. En cas de doute, échangez avec les vendeurs en place, et allez là où les réponses vous inspirent le plus et vous paraissent les plus franches.

En salon, les exposants ont la possibilité de proposer des ateliers pratiques ou des conférences. Consultez le programme du salon et prenez le temps d'assister aux interventions, même quelques minutes. Vous sentirez si la personne veut « vendre sa soupe » ou si elle incarne vraiment ce qu'elle expose, notamment sur le plan pédagogique.

Laissez-vous guider par votre instinct : il sera interpellé lorsque vous serez au bon endroit.

En librairies ésotériques

Évidemment, les pierres ne sont pas de simples produits, comme l'encens ou les livres. En d'autres termes, vous trouverez plus difficilement des pierres de qualité et surtout de poids suffisant dans des établissements de ce type qui n'y sont pas spécialement dédiés, sauf si vous tombez sur un passionné.

Les librairies ésotériques ont eu le mérite d'avoir été les premières à repérer l'importance du minéral. Elles permettent ainsi d'initier (même si c'est parfois maladroitement) les gens à l'univers des pierres, avec bienveillance. Ne leur demandez pas la compétence des spécialistes : ce n'est pas leur métier principal. L'indulgence est donc de mise.

À l'étranger

Certains pays sont mondialement connus pour leurs productions minières (Madagascar, Brésil, Espagne, République tchèque, etc.). Il faut savoir que les pierres disponibles sur les marchés locaux de ces pays sont dix à vingt fois moins chères qu'en France, mais représentent les invendus de l'exportation.

Néanmoins, il faut comparer ce qui est comparable... Les pierres que vous trouverez afficheront des prix « touristiques » étant donné leur piètre niveau de qualité. L'intégralité des productions minières de qualité est exportée. Le marché local n'a tout simplement pas les moyens d'acheter de la qualité pour la revendre ensuite.

Donc, réfléchissez : un billet d'avion aller/retour + frais d'hébergement + nourriture + frais de déplacement, tout cela pour acheter une pierre de 3e ou 4e choix à dix fois son prix réel (si vous avez bien marchandé), une pierre que vous n'auriez probablement pas achetée en

France compte tenu de sa qualité… C'est un plaisir de « chineur » un peu coûteux. Ne vous privez surtout pas du plaisir de l'explorateur si le cœur vous en dit, mais ne comptez pas sur des conseils avisés relatifs à leurs bienfaits sur ces marchés. Nos préoccupations de bien-être sont à des années-lumière de leur culture. Les pierres, là-bas, sont vendues principalement comme objets de décoration, des souvenirs du pays.

En toute connaissance de cause, rien n'empêche néanmoins le petit plaisir surprise au cours d'un voyage à l'étranger !

Sur les marchés

Nous vous déconseillons d'acheter des pierres sur un marché : vous aurez rarement un choix de qualité et riche en variété. Vous trouverez des passionnés, mais ils ont, la plupart du temps, appris les vertus des pierres au travers de livres.

Par ailleurs, la clientèle de marché limite le prix maximum des pierres exposées. Vous ne trouverez donc que des pierres roulées ou des pierres de 2e et 3e choix impropres à un travail de bien-être.

Sur Internet

Si vous n'habitez pas à proximité d'une boutique dédiée, cela reste un moyen fiable et efficace. Pour sécuriser votre achat, quelques conseils :

- un site de vente en ligne doit tenter de briser la distance entre la pierre et vous. Pour ce faire, il convient de lire attentivement les informations qui sont données sur la pierre que vous avez choisie ;
- appelez ensuite, au moins les premières fois, le service conseil du site afin de vérifier si la pierre correspond bien à vos besoins ;
- documentez-vous sur qui agit en coulisses : le gérant du site a-t-il de l'ancienneté dans la pratique des pierres ? Est-ce un professionnel ? Est-il présent sur le terrain, auprès du grand public ? Sa boutique vous inspire-t-elle ? A-t-il écrit des ouvrages sur le sujet ? A-t-il suivi des formations ? Paraît-il faire preuve de dynamisme ? d'expertise ? de passion ? d'éthique ? Propose-t-il un conseil de qualité ? Etc.

Les pierres de famille

Si, pour différentes raisons, vous vous retrouvez en possession de pierres de famille, qu'elles soient précieuses, ornementales ou décoratives, soyez vigilant. Une pierre mémorise tout ce qu'elle rencontre. Toute une vie aux côtés de parents ou de grands-parents n'a pas laissé la pierre de marbre… Il est impossible, ou presque, de savoir exactement d'où elle vient et ce qu'elle a vécu. Nous vous déconseillons donc de travailler avec.

Si la ou les pierres sont belles, pourquoi ne pas les garder pour votre décoration intérieure ou extérieure après les avoir nettoyées (voir « Nettoyer vos pierres : pourquoi, comment ? » page 29) ? Ne prenez pas le risque de les utiliser pour améliorer votre bien-être, sauf cas exceptionnel si les proches en question étaient eux-mêmes conscients de la valeur vibratoire des pierres, en ont réellement pris soin et vous les ont transmises en tant que telles. Quand bien même, l'histoire de vos parents n'est pas la vôtre !

Pour les bijoux ou les pierres précieuses, c'est sensiblement différent : nous vous conseillons de les faire nettoyer chez un bijoutier qui utilise des techniques spécifiques pour ce faire (machine à ultrasons), avant de les réutiliser.

Dans ce cas, il s'agit d'ornements et non d'outils de bien-être.

Les cadeaux

Recevoir une pierre en cadeau relève quasiment toujours d'un cas particulier... La pierre a-t-elle appartenu à quelqu'un avant d'être offerte ou est-elle « neuve » ? A-t-elle été choisie spécialement pour vous ? Pour le clin d'œil, l'esthétique ou le bien-être ? La pierre a-t-elle été conseillée pour vous par un professionnel ou par le biais d'un proche qui vous en fait spécialement cadeau ? Si oui, cela peut être très juste. Reste à vérifier si la pierre (et la maison d'où elle provient éventuellement) revêt les conditions de qualité et de poids requises (voir p. 13) pour que vous puissiez l'utiliser, ou bien si vous pouvez juste la garder en souvenir d'un geste généreux et attentionné. À l'inverse, vous pouvez tout à fait offrir un cadeau pour un proche selon les méthodes de choix possibles que nous avons citées plus haut.

VOS QUESTIONS, NOS RÉPONSES

Y a-t-il des contre-indications dans l'utilisation des pierres ?

Non. Du moment que la pierre respecte les conditions mentionnées précédemment et que vous restez à l'écoute de vos ressentis, le contact avec les pierres ne présente aucun risque. Il est important de ne pas vous contraindre dans l'utilisation de vos pierres mais de rester attentif à vos intuitions. Il n'y a pas de règles, de fréquence, de durée, de processus. Chaque personne détient une sensibilité différente et chacun constitue un cas particulier. C'est au conseiller de s'adapter au profil de la personne qui le consulte pour l'accompagner vers ce qui lui semble le plus adapté. Et c'est à vous ensuite de sentir ce que vous avez envie d'en faire, et comment le faire.

Les pierres peuvent éventuellement vous donner l'impression de perdre certains repères, mais c'est un mal pour un bien. Car une fois cette étape passée, vous vous sentirez plus léger. Soyez simplement confiant.

La seule contre-indication réelle, qu'il est à notre sens très important de préciser, est de ne pas boire de l'eau dans laquelle des pierres ont baigné, ou bien dans laquelle une pierre a été mise en poudre. La composition chimique des pierres est extrêmement active. C'est comme si vous absorbiez un produit chimique sans en connaître la composition ni les effets. Cela ne vous viendrait pas à l'idée ! La pierre est adaptée pour agir sur le plan externe, et non par prise interne. Évitez les conseils de « perlimpinpin » vous donnant les recettes de fabrication d'« élixirs » de pierre. Vous risquez de vous empoisonner, dans le sens littéral du terme !

Que faire si une pierre se casse ?

Une pierre se casse parce qu'elle est soit trop petite, soit trop chargée, soit pas assez prise en considération… Cela n'a rien à voir avec le fait que vous l'ayez laissé tomber par terre. On dit aussi qu'une pierre qui se casse prend un choc à votre place. Généralement, lorsque vous possédez une énergie puissamment verrouillée sur tel ou tel aspect de votre vie, la pierre a du mal à muter la charge et parfois se casse. Si on ne possède pas une vision énergétique des choses, on dit que c'est un « hasard » ou un geste malencontreux. Mais rien n'est anodin.

Soyez donc vigilant avec votre pierre, mais aussi attentif au message que ce choc peut vous transmettre, selon ce sur quoi travaille la pierre en question à votre propos.

Concrètement, nous vous conseillons de ne plus utiliser une pierre cassée, car la mémoire du choc est présente en elle. Séparez-vous de la pierre cassée en la remettant à la terre, en l'enfouissant dans un coin de nature que vous aimez.

Existe-t-il des personnes qui ne sont pas réceptives à l'énergie des pierres ?

Distinguons le fait de ne pas être réceptif du fait qu'une pierre ne soit pas efficace. Beaucoup de gens sont peu, voire pas du tout, à l'écoute de leurs sensations corporelles et énergétiques. Si vous tentez d'entrer en contact avec une pierre, être mentalement dans l'attente d'une sensation est fréquent. Mais, paradoxalement, vous n'êtes pas à l'écoute de votre corps pour autant. En fait, les pierres n'ont, à vrai dire, rien à faire de vos états d'être, de vos questionnements et de vos idées. Elles émettent toujours leurs fréquences sans faire de tri... Alors, oui, certaines personnes ne sont pas réceptives à l'énergie des pierres. Mais ce n'est pas pour autant que ces dernières n'agissent pas ! Dans l'absolu, il n'existe pas de personnes sensibles ou insensibles aux pierres, simplement des gens plus ou moins à l'écoute de leur ressenti...

Depuis quand utilise-t-on les pierres dans un but thérapeutique ?

Depuis que l'homme s'interroge sur lui-même, il a établi une relation entre lui et le minéral. C'est dans les civilisations africaine, chinoise, sumérienne, égyptienne, grecque, mais aussi romaine et chrétienne que les pierres en tant qu'outils de soin ou pierres sacrées ont tracé leur histoire.

C'est ensuite à travers l'œuvre de Hildegarde de Bingen que les recherches de l'évêque et alchimiste saint Albert sont rendues publiques en rapport avec les bienfaits des plantes. Les alchimistes du XIVe siècle publient différents traités scientifiques à leur propos. En 1644 paraît un livre de référence sur l'usage des pierres pour la santé, *Le Parfait Joaillier ou Histoire des pierreries*. Cent ans plus tard, alors que la parution de l'ouvrage a été suivie de nombreuses recherches en chimie naturelle pour les pharmacopées de l'époque, les minéraux apparaissent comme l'un des trois piliers de la pharmacopée (entre les végétaux et les animaux).

Même si les minéraux sont encore présents vers 1935 comme officiellement actifs pour la santé à travers certains ouvrages, la Première Guerre mondiale et la révolution des produits chimiques industriels vont faire décliner la continuité des recherches sur les pierres et minéraux en tant qu'outils de soin. Ils feront leur réapparition à travers le mouvement New Age (années 1960), aux États-Unis. Ce mouvement, empreint d'illusions ésotériques, a malheureusement éloigné le minéral de sa simplicité d'utilisation et d'action, et a créé une « aura » de confusion. Aujourd'hui, ce sont les Européens qui redonnent leurs lettres de noblesse aux pierres.

Quelle est la différence entre une pierre brute et une pierre polie ?

Il faut savoir que le polissage d'une pierre demande un important travail et une grande connaissance technique. On ne polit jamais une pierre pour rien. En plus d'être embellie sur le plan esthétique, une pierre polie amplifie le plan vibratoire. Nous parlons évidemment de pierres polies manuellement (donc d'un certain format) et non des pierres roulées. Cependant, certaines cristallisations brutes sont si belles et si particulières que le polissage n'est même pas envisagé !

Le débat pierres brutes/pierres polies est né d'une controverse chez les radiesthésistes du siècle dernier qui n'a plus lieu d'être à l'heure actuelle.

Il convient tout simplement de choisir la pierre qui vous appelle le plus, qu'elle soit brute ou polie. C'est une question de sensibilité individuelle.

Existe-t-il des preuves scientifiques des vertus des pierres pour la santé ?

L'action chimique des pierres n'est plus à prouver : il suffit de regarder leur composition. Cependant, la vibration émise par la pierre n'a jusqu'alors jamais été étudiée scientifiquement. En revanche, la science s'intéresse à la façon qu'a la nature de communiquer, entre les arbres par exemple. Bientôt, ce sera au tour des pierres, qui ne sont pas isolées du reste de la nature mais au contraire représentent une matière constitutive de notre environnement naturel ! En attendant, la physique moderne explore actuellement l'interaction entre matière et énergie. Elle donne, à qui saura faire les liens, un certain nombre de pistes…

Y a-t-il un lien entre le prix des pierres et leur pouvoir thérapeutique ? Si oui, n'est-ce pas un élément de défiance ?

Il n'existe pas de lien entre le prix des pierres et leur pouvoir thérapeutique ! Le prix d'une pierre dépend de sa qualité, de son poids (carat ou gramme), de sa rareté, de sa position sur le marché minéral mondial, etc. C'est la loi de l'offre et de la demande. Il y a de tout : des pierres très efficaces qui se produisent en grande quantité et qui ont un cours beaucoup plus bas que certaines autres qui sont plus rares.

Ce qu'il faut retenir, c'est que plus la pierre a de poids, plus elle émet d'énergie et donc plus elle est puissante. La pierre courante se vend au poids. Donc, le prix est proportionnel à son poids. C'est pourquoi nous conseillons aux utilisateurs d'acquérir moins de pierres, mais de meilleure qualité et de poids plus important, plutôt que de collectionner des pierres trop petites et/ou trop médiocres et donc inadaptées au bien-être.

Est-ce que deux petites pierres donnent le même résultat qu'une grosse ?

De la même façon que deux enfants n'auront pas la force d'un homme en pleine forme, deux petites pierres n'auront pas l'impact nécessaire, sur le plan vibratoire, pour faire bouger des choses plus ou moins conscientes en vous.

Puis-je prêter ma pierre à quelqu'un de ma famille ou à un ami ?

Une pierre est personnelle car elle est en résonance avec celui qui l'a choisie. Dans l'absolu, une pierre peut néanmoins se prêter, à condition de procéder à un nettoyage entre chaque utilisateur (voir « Nettoyer vos pierres : pourquoi, comment ? » page 29). C'est donc à chacun de sentir ce qu'il a envie de faire ou non.

Nous vous conseillons cependant de ne pas prêter vos pierres trop souvent, car elles tissent la mémoire d'un lien avec vous-même, au-delà des nettoyages : cela est précieux. Voici pourquoi vous n'aimerez pas que vos pierres soient touchées par les autres, y compris vos proches !

Au bout de combien de temps puis-je constater les effets d'une pierre ?

Il est très difficile de répondre à cette question car chacun est différent, les pierres également. Cela fait beaucoup de paramètres à prendre en compte... Pour notre part, nous observons quotidiennement que, pour les personnes les plus sensibles, l'effet est immédiat (ressenti physique, voire émotionnel). Pour d'autres, leur système étant assez « bloqué », la sensation de mieux-être peut prendre quelques jours, semaines ou mois à s'installer. Le poids et la qualité de la pierre ont, rappelez-vous, un impact très significatif sur les résultats et les délais d'efficacité.

Le rapport aux pierres et à leur conscience vivante est très intime et vécu de manière différente par chacun. C'est une belle aventure que nous sommes tous amenés à vivre à notre façon.

Les Pierres

AGATE BLEUE NATURELLE

Forme libre d'Agate bleue naturelle (Madagascar)

Origine du nom : d'après la rivière Akhates (Sicile).

Gisements : Allemagne, Australie, Brésil, Chine, États-Unis, Madagascar, Mexique, Uruguay.

Couleurs : dégradés de bleu, beige et blanc.

Pierre de douceur par excellence, l'Agate bleue naturelle pacifie les tensions présentes en vous. Sa cristallisation en bandes vous permet de vous détendre à différents niveaux simultanément : mental, émotionnel… Elle invite au calme et à la relaxation et vous apporte ainsi quiétude et sérénité.

De polarité féminine, comme la Cornaline, l'Agate bleue naturelle favorise le centrage. Cette pierre stimule la connexion avec vous-même et favorise l'intériorisation et l'introspection. L'Agate bleue naturelle renforce l'écoute de vous-même et vous permet ainsi de mieux vous comprendre et de communiquer ce que vous ressentez en vous.

Elle apporte aussi une subtilité dans la communication, ce qui vous permet d'entendre et d'exprimer les choses avec plus de tact. Cette pierre vous rassure en profondeur et vous permet ainsi d'explorer de nouvelles formes d'expression.

Conseils de nettoyage

L'Agate bleue se nettoie par trempage dans l'eau.

AIGUE-MARINE

Cristal d'Aigue-marine (Brésil)

Mots-clés : enseignement, Verbe, parole, paix, communication.

Origine du nom : issu du latin *aqua marina*, qui signifie « eau de mer ».

Gisements : Afghanistan, Brésil, Madagascar, Pakistan, Sibérie (Russie).

Couleurs : bleu très clair, bleu clair soutenu, vert d'eau.

L'Aigue-marine est considérée comme la pierre de communication par excellence. Elle aide notamment ceux qui enseignent et guident. Elle facilite la verbalisation. Elle vous permet de dissoudre les non-dits en les ramenant en surface et en générant l'énergie nécessaire pour les verbaliser. Elle favorise la capacité à parler de ce qui est intime : peurs, désirs, doutes, pensées, idées, projets, etc. Elle vous aide à vous montrer tel que vous êtes sans faux-semblant.

L'Aigue-marine permet de comprendre que la parole est essentielle. C'est en racontant votre histoire et les prises de conscience qui en ont découlé que vous participez à l'évolution de l'Autre, même si ces histoires peuvent sembler anodines. Le partage et la mise en commun des expériences de vie permettent à chacun de progresser. L'Aigue-marine vous amène à exprimer naturellement ce qui est ou a été vécu, ce que vous avez observé, les enseignements que vous en avez tirés, etc.

Pierre de paix, l'Aigue-marine vous apporte la sérénité nécessaire pour mettre vos mots à portée de vos interlocuteurs et être entendu par votre entourage. Elle véhicule l'énergie du Verbe et vous aide ainsi à matérialiser votre force créatrice.

Cette pierre me convient si…

- ✓ j'ai des problèmes de communication ;
- ✓ j'ai l'impression qu'on ne me comprend pas ;
- ✓ je n'arrive pas à exprimer clairement ce que je vis en moi ;
- ✓ je suis dans le non-dit ;
- ✓ je suis bavard, je parle tout le temps mais je n'aborde que des « sujets de surface » ;
- ✓ je ne parle pas de moi car je n'en ressens pas l'envie : c'est inutile ;
- ✓ je manque d'assurance lorsque je parle, je ressens un stress, une forte angoisse dès que je dois prendre la parole en public ;
- ✓ je suis un ermite, un misanthrope ;
- ✓ je suis hypersensible ;
- ✓ je me sens seul.

Conseils d'utilisation

Si vous vous sentez interpellé par une des affirmations de la rubrique précédente, une Aigue-marine vous sera d'une aide précieuse. Nous vous recommandons de vous accompagner d'un cristal d'Aigue-marine dans les activités de votre vie quotidienne.

Durant les périodes où il vous est difficile de vous exprimer, nous vous en recommandons également l'utilisation la nuit. Il vous suffit de prendre la pierre en la posant simplement sur votre ventre, avant de dormir. Gardez-la ensuite dans votre lit, durant votre sommeil. Pendant la journée, prenez-la en main dès que vous vous sentez tendu, stressé, ou que vous avez à prendre la parole.

Si vous avez gardé des non-dits durant votre parcours de vie ou si vous évoluez dans un environnement de non-dits familiaux, l'utilisation d'une Aigue-marine vous aide à dégager les empreintes que vous avez mémorisées. De même, si vous ressentez du stress, de l'angoisse ou des tensions au niveau de la gorge.

Si vous souhaitez enseigner auprès de groupes, un cristal d'Aigue-marine vous aide à surmonter la peur de vous tromper et celle de la prise de parole en public. Enfin, si vous souhaitez capter la fréquence du Verbe, vous accompagner de cette pierre vous permet d'en ressentir la substance et la présence autour de vous. Elle vous permet d'utiliser cette force à votre disposition, tel un outil destiné à matérialiser des choses en vous et à l'extérieur de vous.

Conseils de nettoyage

L'Aigue-marine se nettoie par trempage dans l'eau. Attention aux chocs thermiques créés par de brusques changements de température. Avec les pierres précieuses, les mutations énergétiques générées par la pierre sont importantes. Il en résulte souvent un échauffement de la pierre. Si vous la mettez à tremper dans de l'eau trop froide, elle risque de se briser. Pour éviter cela, passez votre pierre sous un filet d'eau courante durant quelques secondes afin de la refroidir, puis déposez-la dans un récipient rempli d'eau en veillant à ce qu'elle soit complètement immergée.

AMAZONITE

Forme libre d'Amazonite (Madagascar)

Mots-clés : affect, suspicion, ouverture.

Origine du nom : d'après le fleuve Amazone, près de laquelle la pierre a été découverte.

Gisements : Afrique du Sud, Brésil, Colorado (États-Unis), Inde, Russie.

Couleurs : bleu verdâtre pâle à bleu turquoise clair.

L'Amazonite régule les déséquilibres du plan affectif. Elle écarte les peurs et dissout les mécanismes inconscients de défense créés par la suspicion vis-à-vis des autres. Elle répare les cicatrices liées aux chocs affectifs du passé qui provoquent une perception déformée du présent. Elle vous permet de prendre conscience de la méfiance qui sclérose vos rapports avec l'Autre. Ainsi vous apporte-t-elle une ouverture aux autres, sans retenue, avec spontanéité, générosité, bienveillance et humanité.

En effaçant la peur de souffrir à nouveau, l'Amazonite vous ouvre à de nombreux possibles, tant sur le plan affectif que sur des plans plus subtils. Elle vous aide à exprimer votre dépendance affective sans attente de retour avec une tendresse décomplexée. Ainsi vous permet-elle de vous réconcilier avec les états de dépendance affective dont elle introduit à la compréhension. La puissante énergie d'amour que cette réconciliation vous apporte vous procure une sensation de liberté et d'échange.

Pierre de connexion multidimensionnelle, l'Amazonite réveille vos capacités et possibilités de connexion avec les multiples dimensions de l'Autre, de vous-même et de l'Univers. Elle vous permet ainsi d'en exprimer la quintessence par les mots et par le cœur.

Cette pierre me convient si...

- ✓ je ne veux pas m'ouvrir car j'ai peur de souffrir ;
- ✓ mon histoire de vie est douloureuse ;
- ✓ j'ai l'impression de vivre dans l'épreuve permanente ;
- ✓ je n'arrive pas à exprimer mon amour et mon besoin d'amour en retour ;
- ✓ je me sens dans une dépendance affective, je lutte contre et je me culpabilise ;
- ✓ je suis dans le refus affectif ;
- ✓ je suis empathe ;
- ✓ je suis dans la manipulation affective ;
- ✓ je suis généreux, mais je ne le montre plus de peur que les autres profitent de moi ;
- ✓ je compare systématiquement le présent avec le passé.

Conseils d'utilisation

Si vous sentez qu'une des affirmations de la rubrique précédente éveille des échos en vous, il est recommandé de vous accompagner d'une Amazonite dans vos activités quotidiennes. L'utilisation de cette pierre durant les périodes difficiles sur le plan affectif ou après un deuil désamorce la douleur et la solitude qu'elles génèrent. Il vous suffit de dormir avec la pierre dans votre lit, de préférence sous votre oreiller.

Elle est aussi recommandée aux personnes qui ont une histoire de vie difficile ayant eu pour conséquence d'ériger une barrière de protection entre elles et les autres par peur de souffrir à nouveau. L'Amazonite répare ces anciennes blessures. Elle vous permet de vous ouvrir à nouveau sur le plan affectif sans établir de comparaison avec le passé.

L'Amazonite est également particulièrement conseillée si vous hypermentalisez l'amour ou toute situation affective entraînant des questions en boucle dans votre tête. Elle vous aide à les pacifier en vous replaçant dans l'énergie du cœur.

Si vous souhaitez mieux comprendre l'état de dépendance affective qui vous habite, même si vous luttez contre, l'emploi d'une Amazonite vous permet de vous réconcilier avec ce lien essentiel qui vous relie à ceux que vous aimez – il ne s'agit pas de totalement rompre le lien. Grâce à elle, vous pouvez vivre un rapport affectif assumé, transparent, joyeux et donc plus sain avec les membres de votre entourage. Elle apaise puissamment les tensions et rapports dans le couple.

Conseils de nettoyage

L'Amazonite se nettoie par trempage dans l'eau.

AMBRE

Galets d'Ambre (Pologne)

Origine du nom : dérivé du grec *ambrosio*, qui signifie « immortel ».

Gisements : Brésil, Madagascar, Pologne.

Couleurs : doré, jaune, cognac, marron.

À la fois lumineuse et voilée, l'Ambre a une énergie très féminine et mystérieuse. Elle vous aide à vous connecter à l'instant présent, et amplifie votre capacité à dévoiler votre connaissance intérieure. En douceur, elle accompagne l'affirmation de soi et le sentiment de légitimité. L'Ambre permet un profond lâcher-prise sur vos empreintes ancestrales. Elle allège ainsi les mémoires qui entravent l'épanouissement personnel. En vous allégeant des carcans du passé, elle vous permet de connecter l'énergie de la liberté présente en vous. Cela amène respiration, prestance et naturel dans votre façon d'être au quotidien.

Conseils de nettoyage

L'Ambre se nettoie par trempage dans l'eau.

AMÉTHYSTE

Boule d'Améthyste (Uruguay)

Mots-clés : autorité, père, transmutation, passage.

Origine du nom : issu du grec *amethustos*, constitué de *methúô*, qui signifie « être ivre ». Cette pierre passait pour préserver de l'ivresse.

Gisements : Australie, Brésil, Madagascar, Russie, Uruguay.

Couleur : violet, allant du violet pâle au violet soutenu avec du blanc.

L'Améthyste régule les mécanismes de dépendance et d'addiction (alcool, drogues, alimentation, affectif, etc.). Elle vous apporte la tempérance et équilibre les excès en tous genres. Elle vous donne ainsi le recul pour aider à trouver le juste milieu en toutes choses.

Cette pierre régule et pacifie votre rapport au père, à l'autorité et à la hiérarchie, en général. Elle supprime la tendance à séparer les plans matériels et spirituels. Elle vous préserve de toutes formes de sectarisme en vous permettant de prendre conscience que « Tout est dans tout » et qu'il existe un point médian entre l'implication totale pour une cause ou une personne, et le désabusement qui rejette toute forme d'engagement ou d'implication. Calmant la rébellion systématique, elle vous permet de vivre une profonde réconciliation avec l'environnement dans lequel vous évoluez.

L'Améthyste favorise vos passages de vie et de conscience. Elle porte l'énergie de la transmutation (changement d'état) et écarte toutes les notions mentales de « délais » qui peuvent ralentir, voire figer vos mutations intérieures et matérielles. Elle vous apporte l'énergie de transmission et de service aux autres et vous aide à vivre une autorité naturelle sans complexes ni abus.

Cette pierre me convient si...

- ✓ je suis dans l'excès (addictions, comportements ou choix extrêmes) ;
- ✓ je suis toujours en rébellion contre l'autorité quelle qu'elle soit, je me sens révolté ;
- ✓ je suis en conflit avec la hiérarchie de façon générale ;
- ✓ j'ai une relation difficile, idéalisée, complexe ou inexistante avec mon père ;
- ✓ je n'aime pas changer mes habitudes et je manque de mobilité ;
- ✓ j'ai du mal à joindre ma conscience et ma matérialité ;
- ✓ pour moi, il existe deux champs de conscience séparés : le matériel et le spirituel ;
- ✓ je souhaiterais canaliser plus clairement des informations issues de champs de conscience modifiés ;
- ✓ je me perds dans le service aux autres et je ne m'occupe pas assez de moi-même ;
- ✓ je ne parviens pas à exprimer mon autorité naturelle, pourtant j'aimerais être dans la transmission au quotidien.

Conseils d'utilisation

Si une des affirmations de la rubrique précédente éveille des échos en vous, nous vous recommandons de vous accompagner d'une Améthyste dans vos activités quotidiennes. Il est conseillé de dormir avec cette pierre. Gardez-la sous votre oreiller, durant votre sommeil.

Si vous souhaitez réguler votre rapport au père, à l'homme, au masculin en général et à l'autorité, une cure d'Améthyste durant plusieurs semaines vous permet d'obtenir la tempérance et l'accueil nécessaires pour apaiser les conflits et mieux comprendre les mécanismes énergétiques en présence.

Si vous êtes soumis à une addiction (affective, troubles obsessionnels compulsifs, alcool, drogues, tabac, alimentation, etc.) ou que vous avez un tempérament excessif, dormez avec une Améthyste. Vous trouverez ainsi une forme d'équilibre en vous, une tempérance intérieure naturelle sans avoir besoin de « béquille » extérieure.

Si vous êtes dans l'accompagnement ou le service aux autres, l'Améthyste vous aide à garder la juste distance, à servir sans vous asservir. Grâce à elle, vous conservez vos priorités et prenez conscience de l'importance de prendre soin de vous en tout premier lieu. De cette manière, vous apportez un accompagnement de meilleure qualité à ceux qui sollicitent votre aide.

Dormir ou méditer avec une Améthyste quotidiennement vous permet de capter des champs de conscience subtils et de repousser les limites de vos perceptions. Cette pierre est particulièrement recommandée pour accompagner le passage de la mort ou de la naissance, ou encore des états de conscience modifiés.

Conseils de nettoyage

L'Améthyste se nettoie par trempage dans l'eau.

APATITE (VERTE OU BLEUE)

Forme libre d'Apatite verte (Madagascar)

Mots-clés : eau, émotions, mémoires.

Origine du nom : issu du grec *apatan*, qui signifie « tromper », en référence à l'erreur que fait commettre sa transparence qui lui donne l'aspect d'une pierre précieuse.

Gisements : Brésil, États-Unis, Inde, Madagascar, Myanmar.

Couleurs : bleu, jaune, incolore, rose, violet. On la trouve fréquemment en vert allant jusqu'au bleu verdâtre vif.

Liée à l'élément Eau, l'Apatite permet de dissoudre le contrôle émotionnel et allège la pression quotidienne due à la mémoire consciente ou inconsciente des chocs du passé et à l'ensemble des blocages émotionnels qui y sont liés. Elle possède la particularité de faire circuler les énergies pour désamorcer vos automatismes de contrôle à tous niveaux. Le profond lâcher-prise qu'elle génère active la décristallisation de vos empreintes émotionnelles et élargit votre sensibilité à de multiples plans de perceptions. Elle vous révèle votre capacité à être un véritable carrefour d'informations (intuitives, émotionnelles, subtiles, matérielles), et vous permet de vivre un état d'ouverture avec mobilité et présence. Ainsi stimule-t-elle votre capacité de régénération naturelle à tous niveaux et ralentit-elle la détérioration de votre énergie sur le plan cellulaire.

Cette pierre me convient si...

- ✓ je contrôle mes émotions ;
- ✓ je fais de la rétention d'eau et je suis sujet à des douleurs articulaires, à des tendinites ;
- ✓ je n'aime pas l'eau et ne sais pas nager ;
- ✓ ma peau se détériore et se ride facilement et je vieillis plus vite que d'autres personnes de ma génération ;
- ✓ je suis hypersensible mais je ne le montre pas vraiment ;
- ✓ on me dit qu'au premier abord je suis froid et distant ;
- ✓ je pense qu'émotion rime avec faiblesse et fragilité, cela me rend vulnérable face aux autres ;
- ✓ je suis dérangé par ma sensibilité et j'en ai honte ;
- ✓ je me sens mieux quand je dors en dehors de ma maison ;
- ✓ j'attrape toutes les infections qui passent.

Conseils d'utilisation

Si vous vous reconnaissez dans une des affirmations de la rubrique précédente, il est recommandé de vous accompagner d'une Apatite dans votre vie quotidienne. N'hésitez pas à faire des « cures » de cette pierre en dormant avec elle sur de longues durées. Gardez-la sous votre oreiller durant votre sommeil.

L'Apatite est recommandée lors des périodes émotionnellement difficiles afin de libérer votre contrôle émotionnel. La pierre permet à votre corps de ne pas cristalliser les chocs successifs et d'en sortir plus rapidement.

Si vous êtes prédisposé à des douleurs articulaires ou ligamentaires, massez-vous la (les) zone(s) douloureuse(s) avec un galet d'Apatite. Par ailleurs, si vous avez des problèmes de peau ou que vous souhaitez préserver votre beauté, massez-vous le visage avec une Apatite et faites des cures d'Apatite en dormant avec elle quelques semaines, régulièrement.

Conseils de nettoyage

L'Apatite se nettoie par trempage dans l'eau.

APOPHYLLITE

Apophyllite brute (Inde)

Mots-clés : parasitage, lumière, nettoyage.

Origine du nom : issu du grec *apophylliso*, qui signifie « qui s'effeuille ».

Gisements : Allemagne, Brésil, Canada, France, Finlande, Inde.

Couleurs : incolore, blanc.

L'Apophyllite vous apporte une énergie lumi-nique qui véhicule l'Absolu. Étroitement liée à l'énergie de la Lumière, elle éclaire toutes les zones d'ombre. Utilisée en médecine ayurvédique, elle est connue pour dégager toutes les formes de pollution (organique, chimique, énergétique, radioactive, psychique ou spirituelle) ainsi que toutes les formes de parasitage, d'addiction ou de manipulation (alcool, tabac, drogues, dépendance affective, spirituelle, etc.).

L'Apophyllite dissout vos automatismes d'autodestruction en activant l'énergie luminique présente en vous et en toutes choses. S'appuyant sur l'énergie universelle de la Lumière, elle élève votre niveau vibratoire et vous incite à prendre soin de votre propre lumière.

L'Apophyllite enseigne la notion de globalité et d'universalité. Développant la perception intuitive de la Connaissance que vous portez en vous, elle vous empêche de définir et/ou de comprendre les mécanismes qui régissent votre vie, ce qui vous aide à vivre un rapport empathique avec la moindre particule de matière car chacune est animée de Lumière, et donc de conscience. Grâce à sa qualité de présence au quotidien, elle vous permet de vivre dans une forme de transversalité le « sens des choses ».

Cette pierre me convient si...

- ✓ je me sens pollué ;
- ✓ je ne capte pas ma dimension universelle ;
- ✓ je suis dans l'autodestruction et je ne prends pas soin de moi ;
- ✓ je veux faire mille et une choses mais aucune n'aboutit ;
- ✓ j'ai une tendance aux addictions de toutes sortes ;
- ✓ je ne rayonne pas ;
- ✓ je retiens mes émotions et cache mon hypersensibilité ;
- ✓ j'ai envie de tout explorer mais je n'en ai pas l'énergie ;
- ✓ je rêve d'absolu et d'illumination mais cela me semble inaccessible ;
- ✓ ma vie n'a pas de sens.

Conseils d'utilisation

Si vous vous reconnaissez dans une des affirmations de la rubrique précédente, il est recommandé de travailler quotidiennement avec une Apophyllite. Dormez avec cette pierre. Gardez-la sous votre oreiller durant votre sommeil. Nous vous en recommandons également l'utilisation la nuit, durant les périodes où vous vous sentez pollué, que ce soit physiquement, psychologiquement ou énergétiquement.

Si vous vous sentez en état de dépendance, que ce soit affectivement ou bien dans la consommation de substances nocives pour votre santé mentale, physique et énergétique (alcool, drogues, etc.), cette pierre est particulièrement recommandée. De même si vous subissez des manipulations mentales ou spirituelles.

L'Apophyllite est aussi particulièrement recommandée lors des périodes où vous devez mener de front de multiples tâches. Elle vous aide à garder le cap sur l'essentiel et à définir naturellement vos ordres de priorité sans perdre énergie et temps. Elle active votre force de centrage.

Si vous vous sentez terni par la vie et que vous aspirez à retrouver l'émerveillement en vous, l'Apophyllite vous connecte puissamment à votre lumière intérieure. Elle vous permet de vous relier à la lumière en toutes choses.

Enfin, si vous souhaitez explorer des dimensions encore inconnues de votre conscience, le contact avec cette pierre facilite l'accès à de subtiles sensations, voire à des prises de conscience concernant votre vie ou la vie en général.

Conseils de nettoyage

L'Apophyllite se nettoie par fumigation.

ARAGONITE CRISTALLISÉE BRUTE

Aragonite cristallisée brute (Maroc)

Mots-clés : mental, centrage, multidimensionnel, ouverture, canalisation.

Origine du nom : le terme « aragonite » est un hommage à Aragón (Espagne), terre d'origine du minéralogiste et géologue allemand Abraham Gottlob Werner.

Gisements : bon nombre de pays d'Afrique et d'Europe.

Couleurs : incolore, blanc, beige, marron, rouge.

Les informations mentionnées dans cette fiche ne concernent que la variété cristallisée (cristaux de couleur orange ou blanche à l'exception des qualités métamorphiques (sans cristallisation).

L'Aragonite cristallisée vous recentre sur vous-même et régule votre mental. Elle équilibre la pression que génère l'émergence de l'énergie multidimensionnelle. L'établissement de la connexion consciente que la planète établit avec les différents champs de réalité génère un grand flux d'informations que votre mental n'est pas encore habitué à gérer. La tension alimentée par ce mécanisme génère une profonde désorientation que vous tentez de réguler par une suractivité mentale. L'Aragonite cristallisée réceptionne l'entièreté de ces champs, trie automatiquement ceux qui sont en rapport direct avec votre énergie du moment et vous permet de garder les autres en suspens. Ainsi, votre cerveau décompresse et peut analyser confortablement ces multiples éléments pour prendre ses décisions. Cette pierre écarte ainsi le processus d'hypermentalisation et renforce votre force vitale, ce qui élimine le stress.

Pierre de connexion, l'Aragonite cristallisée vous fait prendre conscience des différents plans dans lesquels vous évoluez. En favorisant le développement de votre intuition, elle vous invite à explorer de multiples façons d'intégrer l'information, et donc à élaborer de nouvelles formes d'analyse. Elle élimine vos anciens conditionnements et empêche votre analyse mentale de vous enfermer dans des cadres préétablis. Créant une connexion naturelle avec votre corps, elle ramène votre mental à sa juste place. Elle développe ainsi votre créativité et régule votre ouverture au multidimensionnel.

Cette pierre me convient si...

- ✓ j'échafaude des plans sur la comète même pour des petites choses ;
- ✓ je réfléchis trop, tout le temps ;
- ✓ je suis cartésien, j'analyse tout ce que je vois ;
- ✓ je veux tout apprendre, tout comprendre, vite si possible ;
- ✓ j'ai l'impression de devoir être partout à la fois et cela m'épuise, je pars dans tous les sens ;
- ✓ je suis coupé de mes ressentis intuitifs et corporels ;
- ✓ je manque d'idées, d'inspiration, de créativité ;
- ✓ je suis stressé ;
- ✓ je suis trop cadré et j'aspire à plus de fantaisie ;
- ✓ je ne parviens pas à exprimer mes idées, je ne communique pas ce que j'ai dans la tête.

Conseils d'utilisation

Si vous vous reconnaissez dans une des affirmations de la rubrique précédente, il est recommandé de vous accompagner d'une Aragonite cristallisée dans vos activités quotidiennes. Dormez avec cette pierre. Gardez-la sous votre oreiller durant votre sommeil. Nous vous en conseillons l'usage notamment la nuit durant les périodes de conception, ou de « prise de tête » sur un sujet ou un autre. Elle est idéale pour éliminer vos idées fixes mais aussi pour vous aider à trouver paisiblement des alternatives à des problématiques diverses et variées. Dormir avec elle permet de détendre votre tête, de remettre votre mental tranquillement à sa place et de vous aérer les idées dans un sommeil plus réparateur.

L'Aragonite cristallisée est vivement conseillée lors des périodes où vous devez être « un peu partout à la fois ». Elle vous permet de rester attentif et alerte face aux informations qui circulent dans votre environnement. Elle vous aide à ne pas stocker ces informations dans votre mental, mais à les traiter une à une en organisant naturellement vos priorités. Elle s'avère une compagne précieuse pour éviter le stress de la multiplicité.

Lorsque vous sentez que votre mental vous empêche d'être inventif, l'Aragonite cristallisée vous aide également à libérer le carcan analytique dans lequel vous êtes engoncé afin de retrouver l'accès à de nouvelles informations et à de nouvelles façons d'appréhender et d'analyser les choses. L'inspiration n'en devient que plus créative !

Conseils de nettoyage

L'Aragonite se nettoie par fumigation. Elle se dégage de l'énergie mémorisée à votre contact avec l'aide de la fumée d'encens naturel (Benjoin ou Oliban).

AZURITE

Géode d'Azurite brute (Laos)

Mots-clés : rêve, inspiration, étoiles, extrasensoriel.

Origine du nom : issu du persan *lazhward*, qui signifie « bleu » (nom donné par le minéralogiste et géologue français F. Sulpice Beudant en 1824). Pendant des millénaires, on l'a appelé « cyan », issu du grec *kuanos*.

Gisements : Arizona (États-Unis), Laos, Maroc, Mexique, Russie.

Couleurs : bleu clair, bleu nuit pouvant aller jusqu'au violet.

Pierre de connexion avec les étoiles, l'Azurite constitue un puissant relais avec toutes les formes d'énergie « extra-planétaire ». Pierre à rêver, elle vous invite à pleinement vivre votre côté rêveur afin d'alimenter votre quotidien par vos inspirations.

Comme « pierre venue d'ailleurs », elle vous permet d'apprivoiser la différence et d'apprendre de ce qui est différent de vous. En cela, elle développe vos « antennes », votre intuition et votre capacité à inventer des choses pour le futur afin de trouver de nouvelles solutions répondant à des questions qui n'ont même pas encore été formulées.

Elle vous fait « voyager » dans l'Univers et vous aide à explorer votre nature profonde. En réparant les liens entre l'humain et le Cosmos, en dissolvant un rationalisme conditionnant, l'Azurite s'avère une précieuse alliée pour déployer une forme de créativité, véritable perception du sens des choses et de la vie. Elle apaise la « nostalgie des étoiles ». Une profonde paix en découle. Avec cette pierre, il vous suffit d'écouter « ce qui vient » pour manifester concrètement vos idées, même les plus irrationnelles.

Cette pierre me convient si...

- ✓ je suis cartésien, je ne m'autorise pas à rêver dans la journée lorsque j'en ressens le besoin ;
- ✓ j'ai la sensation de ne pas être ancré ;
- ✓ je me sens marginal ;
- ✓ j'ai envie d'inventer des choses, mais je ne sais pas comment les relier à la Matière ;
- ✓ je suis nostalgique d'une forme d'idéal ;
- ✓ je manque de créativité, de folie ;
- ✓ j'ai besoin de liberté, d'évasion ;
- ✓ j'ai l'impression que ma vie n'a pas de véritable sens ;
- ✓ j'ai souvent une sensation du futur et des événements à venir ;
- ✓ j'ai des tendances suicidaires.

Conseils d'utilisation

Si vous vous sentez concerné par une des affirmations de la rubrique précédente, nous vous recommandons de vous accompagner d'une Azurite le plus souvent possible en journée, ou de dormir avec la nuit. Nous vous en conseillons l'utilisation lors des périodes où vous souhaitez avoir de l'inspiration ou de nouvelles idées, que ce soit sur le plan artistique, relationnel, spirituel ou même matériel. Avant de dormir, il vous suffit de poser la pierre sur votre front, entre les sourcils, en étant allongé sur le dos. Puis, au moment de vous endormir, de la mettre sous votre oreiller. Il est probable que vous aurez certaines inspirations le lendemain.

Si vous connaissez des périodes de tristesse, de nostalgie ou de solitude, prenez une Azurite et plongez votre regard dans sa couleur. Ensuite, fermez les yeux un instant. Laissez-vous rêver, vous évader jusqu'à sentir que vous n'êtes plus seul. Puis, dormez avec.

Lorsque le plan matériel vous pèse trop, allégez cette densité en touchant ou en regardant une Azurite, le temps que vous souhaitez, afin de soulager la charge de la journée. Si vous souffrez de rationalisme aigu faites une cure d'Azurite en la posant simplement sur votre front, entre les sourcils, durant un quart d'heure, avant de dormir. Ne cherchez pas à voir ou à sentir quoi que ce soit. Faites-le régulièrement plusieurs jours d'affilée. Cela vous ouvrira de nouvelles perspectives.

Conseils de nettoyage

L'Azurite se nettoie par fumigation.

BASALTE

Basalte brut (Madagascar)

Origine du nom : issu du latin *basaltes,* dont on dit souvent qu'il est dérivé de l'éthiopien *bsalt,* qui signifie « cuit ».

Gisements : zones volcaniques.

Couleurs : noir, gris.

Le Basalte vous apporte énergie vitale et sensation d'ancrage tout en douceur. Il vous pacifie avec le monde de la matière. D'ailleurs, il est particulièrement adapté pour les massages, car il retient bien la chaleur.

BASALTE

Conseils de nettoyage

Le Basalte se nettoie par trempage dans l'eau.

BOIS FOSSILISÉ (OU PÉTRIFIÉ)

Boule de Bois fossilisé (Madagascar)

Mots-clés : lâcher-prise, sagesse, présence.

Origine du nom : issu du grec *petro*, qui signifie « pierre », et de sa traduction littérale « bois pétrifié », « bois transformé en pierre ».

Gisements : Argentine, Égypte, États-Unis, Madagascar, Indonésie.

Couleurs : marron, brun, beige, rose, violet et pourpre, parfois noir et gris.

Le Bois fossilisé est, par excellence, la pierre du lâcher-prise. Il vous permet de prendre conscience et de vous débarrasser de toutes vos habitudes, empreintes et/ou croyances limitatives. Porteur de l'énergie des origines, il active de profondes connexions avec vos codes identitaires de naissance. Cette pierre vous fait entrer dans la perception de l'espace-temps et des multiples champs de réalité. Elle vous apporte une profonde sérénité face aux mouvements de la vie et vous restitue votre spontanéité d'enfant. Grâce à elle, vous intégrez la sagesse sans âge qui vous habite et la rayonnez naturellement autour de vous.

Le Bois fossilisé est relié aux connaissances ancestrales et aux Mystères de la Vie qui sont accessibles à votre conscience uniquement lorsque la volonté et le contrôle mental sont abandonnés. À son contact, vous vous inscrivez profondément dans votre propre réalité et vous matérialisez plus facilement vos projets. Vous développez aussi vos intuitions et votre communication sensorielle avec les éléments de la Nature. Cette pierre vous permet d'être totalement dans l'instant présent, en contact avec vous-même, et de quitter ainsi le monde des illusions créé par votre mental.

Cette pierre me convient si...

- ✓ je suis totalement dans le contrôle, j'ai tendance à régenter ma vie ainsi que celle de mon entourage ;
- ✓ je suis hyperactif ;
- ✓ j'ai été victime ou acteur de formes de manipulation ;
- ✓ j'ai l'impression que lâcher les rênes ruinerait tout ce que j'ai construit ;
- ✓ j'ai beaucoup de résistances au changement ;
- ✓ je pense toujours au passé ou au futur ;
- ✓ j'ai toujours eu du mal avec la notion de temps ;
- ✓ je ne suis pas patient ;
- ✓ je ne montre pas ma connaissance car je ne me sens pas légitime de le faire ;
- ✓ je me sens « vieux sage avec une âme d'enfant » mais je n'arrive pas à combiner les deux.

Conseils d'utilisation

Si vous vous sentez interpellé par une des affirmations de la rubrique précédente, nous vous recommandons de vous accompagner du Bois fossilisé durant vos activités de la vie quotidienne, particulièrement si vous souhaitez vous débarrasser d'habitudes sclérosantes et/ou addictives. Nous vous en recommandons l'utilisation lors des périodes où vous n'arrivez pas à lâcher prise et où vous résistez au changement. Il permet à votre corps d'évacuer toutes formes de résistance et de contrôle face aux événements que vous vivez. Il est conseillé de dormir avec la pierre dans votre lit. Gardez-la près de votre ventre, sur le matelas, durant votre sommeil.

Si vous êtes « speed » au quotidien, l'emploi d'un Bois fossilisé donne à votre corps un temps de répit en lui permettant de reprendre ses rythmes naturels. Il apporte un grand recul. Si vous êtes dans le contrôle et que vous souhaitez réguler ce problème, faites une cure de Bois fossilisé durant plusieurs semaines pour désamorcer l'automate de contrôle inscrit en vous. Faites de même si vous êtes sujet à des addictions.

Si durant votre enfance ou au quotidien, vous avez subi une forme de manipulation ou de prise de pouvoir et/ou de contrôle, le Bois fossilisé désamorce toutes les formes d'emprise qu'on a pu ou peut avoir sur vous.

Si vous souhaitez explorer la connaissance et la sagesse présentes en vous, dormir avec un Bois fossilisé vous aide à ramener en conscience les informations que vous détenez depuis toute éternité.

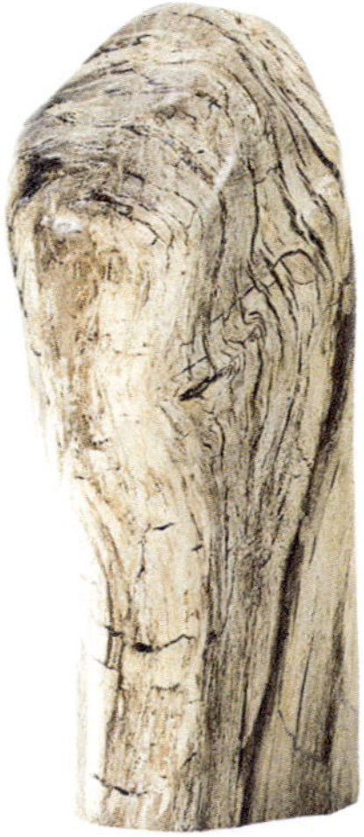

Conseils de nettoyage

Le Bois fossilisé se nettoie par un bref rinçage à l'eau courante, suivi d'un essuyage avec un torchon propre. Si votre Bois fossilisé pèse plus de 5 à 7 kilos, il est inutile de le nettoyer.

CALCITE BLEUE

Boule de Calcite bleue (Madagascar)

Mots-clés : détente, expression, antistress, communication.

Origine du nom : le terme « calcite » est issu du grec *khalx* et du latin *calcis*, qui signifient « chaux ». Le terme « bleue » renvoie à sa couleur.

Gisements : très répandue à travers le monde, sous diverses formes. On la retrouve essentiellement dans les marbres.

Couleurs : la Calcite se retrouve dans toutes les couleurs. La Calcite bleue a des nuances de bleu plutôt claires.

Pierre antistress, la Calcite bleue vous apporte la sérénité pour aborder toute chose ou tout événement en étant à l'écoute de vous-même et de votre environnement. Elle vous reconnecte au centre et vous procure ainsi l'énergie nécessaire pour parler. Elle favorise l'expression. Elle génère une qualité de communication riche et profonde par laquelle vous n'avez plus peur de parler de ce qui vous est intime. Pierre véhiculant la paix, elle permet à votre parole d'être médiatrice, avec douceur, sincérité et spontanéité.

La Calcite bleue vous offre une grande détente et ainsi un sommeil régénérateur. À son contact, toutes les tensions mentales et/ou nerveuses qui alimentent l'insomnie se relâchent. Elle est particulièrement recommandée pour lutter contre le stress des examens.

Cette pierre me convient si...

- ✓ j'ai beaucoup de mal à parler de moi, de ce que je vis et de ce que je pense ;
- ✓ on me dit que je suis trop bavard ;
- ✓ j'ai toujours l'impression que je ne suis pas entendu, écouté, compris ou pris en compte par les autres ;
- ✓ je ne parle pas souvent aux autres, surtout si je ne les connais pas ;
- ✓ j'ai tendance à être dans le non-dit et, par conséquent, à générer des situations complexes ;
- ✓ j'arrange parfois la réalité avec des petits mensonges ou des déformations, selon le contexte ;
- ✓ je provoque souvent des conflits lorsque j'essaie de dire des choses qui me semblent importantes ; je prononce des mots différents de ceux que j'aimerais dire ;
- ✓ je suis tendu, stressé et angoissé ;
- ✓ je ne suis pas patient ni dans l'écoute ;
- ✓ j'éprouve le sentiment de ne pouvoir dire les choses que lorsqu'elles sont claires dans ma tête.

Conseils d'utilisation

Si vous vous reconnaissez dans une des affirmations de la rubrique précédente, nous vous recommandons de vous accompagner d'une Calcite bleue dans vos activités quotidiennes. Nous vous la recommandons notamment la nuit si vous êtes sujet à des insomnies ou à un stress intense. La fréquence de la pierre permet à votre corps et à votre mental de se détendre, et vous pouvez ainsi retrouver le sommeil plus facilement. Gardez la pierre dans votre lit durant la nuit. Si vous vous réveillez, prenez la pierre en main. Vous constaterez que vous vous rendormirez.

Si vous devez prendre la parole en public ou passer un entretien important, prenez une Calcite bleue en main avant et pendant cet échange, si possible. Sinon, la veille au soir, prenez-la pendant un moment, puis dormez avec.

Si vous évoluez dans des contextes de non-dits – même s'il vous semble que ces non-dits appartiennent au passé –, faites une cure de Calcite bleue, la nuit, durant plusieurs semaines. Cela permet à vos cellules d'évacuer tous les résidus de ce qui n'a pas été exprimé.

Si vous êtes enseignant ou dans un métier de communication, la Calcite bleue vous aide à transmettre avec une touche plus personnelle et plus de confiance en vous.

Conseils de nettoyage

La Calcite bleue se nettoie par trempage dans l'eau.

CÉLESTINE (OU CÉLESTITE)

Géode de Célestine (Madagascar)

Origine du nom : issu du latin *coelestis* et *caelestis*, qui signifient « céleste ». Cette pierre est aussi appelée « pierre des anges ».

Gisements : Allemagne, Brésil, Espagne, Madagascar, Royaume-Uni.

Couleurs : bleu, incolore, mauve.

D'une douce couleur bleue, la Célestine est aussi appelée « pierre des anges ». Apportant paix, relaxation et finesse, elle vous permet d'atteindre l'état de détente et d'écoute nécessaire pour entrer en contact et en relation avec les plans subtils. En écho avec l'énergie de la communication mais aussi de la perception, la Célestine est d'un grand secours pour vous apprendre à interagir avec des champs de conscience moins matériels que le vôtre. Elle stimule les fréquences les plus élevées, et renforce ainsi votre structure énergétique. Sa stabilité vous aide à capter de nouvelles informations puisées dans votre environnement.

La Célestine s'avère un excellent support de canalisation. Durant des moments méditatifs ou contemplatifs, elle vous permet de formuler des idées claires et des mots précis qui guideront votre quotidien. D'une présence bienveillante et douce, la Célestine vous fait sentir toutes les formes de présence autour de vous, sur les plans énergétique et vibratoire.

Sur le plan matériel, elle contient des minéraux rares qui sont utilisés pour apaiser la douleur et renforcer les os. Elle constitue un excellent antalgique naturel.

Conseils de nettoyage

La Célestine se nettoie par fumigation.

CHRYSOPRASE

Forme libre de Chrysoprase (Indonésie)

Origine du nom : issu du grec *chrysos* et *prason*, qui signifient « poireau d'or ».

Gisements : Afrique du Sud, Australie, États-Unis, Inde, Indonésie, Madagascar, Russie.

Couleurs : vert pomme, vert clair et vert soutenu.

La Chrysoprase constitue un excellent garde-fou à l'hypermentalisation, et vous permet d'éviter de basculer dans des illusions de l'esprit, notamment lorsque vous vous connectez à d'autres plans ou que vous « canalisez ». La Chrysoprase ouvre à des espaces inconnus en vous faisant explorer de nouvelles dimensions de vous-même et de l'environnement large. Elle vous connecte à de nouveaux horizons, et vous invite à penser et vivre « hors piste » : idées innovantes, nouvelles façons de fonctionner, solutions créatives, perceptions inattendues…

La Chrysoprase vous fait écouter et sentir ces espaces intérieurs que votre mental rationnel ne saisit pas en vous. Il ne s'agit pas de s'évader, mais bien d'être présent dans une nouvelle perception tranquille des choses, en toute décontraction.

La Chrysoprase vous insuffle ainsi des espaces de respiration et d'inspiration. Son énergie est enivrante, comme si vous respiriez de l'oxygène en bouteille. L'ouverture que procure la tranquillité vous ouvre de nouvelles portes. La Chrysoprase vous transmet avec légèreté et douceur sa force de connexion multidimensionnelle et d'accueil. La perméabilité qu'elle crée entre vous et l'univers qui vous entoure vous permet d'accéder à de nouveaux modes de perception d'informations à de multiples niveaux. Pour ceux qui « canalisent » déjà, elle affinera vos connexions déjà « actives ».

Conseils de nettoyage

La Chrysoprase se nettoie par trempage dans l'eau.

CITRINE NATURELLE (NON CHAUFFÉE)

Boule de Citrine non chauffée (Brésil)

Attention, les indications suivantes concernent uniquement la Citrine naturelle non chauffée.

Mots-clés : lumière, ego, puissance, spontanéité, joie, rayonnement, masculin.

Origine du nom : issu du latin *citrus*, qui signifie « citron », en référence à sa couleur jaune.

Gisements : Australie, Brésil, Madagascar, Russie, Uruguay.

Couleurs : jaune, allant du jaune pâle, jaune d'or, à l'orange brun.

Liée à l'énergie masculine, la Citrine naturelle révèle votre rayonnement intérieur. Elle régule votre ego en vous indiquant la juste distance par rapport aux choses (ni prise de pouvoir sur les autres ni dévalorisation de vous-même). Elle vous évite ainsi de fausser vos échanges relationnels.

Grâce à la Citrine naturelle, vous vous départez de vos besoins de perfection et de reconnaissance. Elle vous permet de prendre conscience de votre rapport au père et d'observer combien cette relation influe sur vos comportements relationnels. Elle apaise l'énergie du père qui sous-tend l'énergie du masculin en vous. Elle vous apporte spontanéité, joie, sans voile ni filtre. Ce rayonnement est communicatif et invite les autres au contact.

La Citrine naturelle vous amène à lâcher vos carapaces. Elle régule vos peurs et vos croyances en rapport avec le pouvoir et l'autorité afin de rayonner ce que vous êtes tout en respectant l'espace des autres. Elle combat votre peur de l'inconnu et vos peurs en tous genres.

Cette pierre me convient si...

- ✓ je suis en conflit avec l'autorité ;
- ✓ je suis trop ou pas assez autoritaire ;
- ✓ je n'aime pas dévoiler ma vulnérabilité ;
- ✓ j'ai toujours l'impression de déranger, je m'excuse de vivre, je fais la petite souris ;
- ✓ j'ai un ego sous ou surdimensionné ;
- ✓ j'entretiens des rapports de force, des jeux de pouvoir avec les autres ;
- ✓ je ne reconnais pas ma valeur, j'ai besoin de la reconnaissance des autres ;
- ✓ je mets en avant les autres plutôt que moi-même, je n'ai pas d'ambition ;
- ✓ je suis individualiste ;
- ✓ j'aspire à l'engagement mais j'en ai peur.

Conseils d'utilisation

Si vous vous sentez concerné par une des affirmations de la rubrique précédente, nous vous recommandons d'utiliser une Citrine naturelle, notamment lors des périodes où vous éprouvez le sentiment de dévier de votre cap, et où cela génère en vous de la tristesse et une sensation d'impuissance. Cette pierre vous aide à retrouver la ressource nécessaire pour aller de l'avant et réveiller la foi, la joie et l'envie de vous libérer de vos carcans et de ce qui vous parasite. Utilisez la pierre le soir en la posant simplement sur votre ventre avant de dormir. Gardez-la ensuite près de votre tête durant votre sommeil.

Si vous avez le sentiment que vous êtes dans le contrôle émotionnel et que vous vous sentez sclérosé, dormir avec une Citrine naturelle vous permet de lâcher vos carapaces et de libérer les tensions liées à la rigidité présente en vous.

La Citrine naturelle est particulièrement recommandée dans les situations de conflit avec l'autorité et/ou le père, ou toute énergie masculine. Elle pacifie et réduit la tension en vous plaçant dans l'observation des stratégies de votre ego pour les désamorcer afin de passer à autre chose.

Si vous devez faire un choix de vie ou un arbitrage important, dormez avec une Citrine naturelle durant plusieurs jours ou semaines. Vous pourrez alors faire la part des choses entre les besoins de votre être et ceux de votre ego.

Si vous pensez être dans la dévalorisation de vous-même et dans l'autojugement, dormir avec cette pierre quotidiennement vous aide à vous reconnecter avec votre lumière intérieure, vos valeurs fondamentales et la confiance en vous et dans vos potentiels.

Conseils de nettoyage

La Citrine naturelle se nettoie par trempage dans l'eau.

CORNALINE

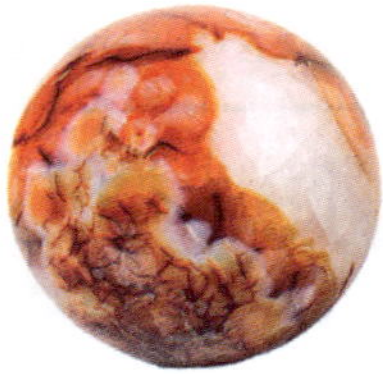

Boule de Cornaline (Madagascar)

Mots-clés : féminin, centrage, intuition, mère, confiance en soi.

Origine du nom : d'après la couleur de la chair et du fruit du cornouiller.

Gisements : Brésil, Inde, Madagascar, Uruguay.

Couleurs : rose clair, orange, rouge vermillon, rouge brun.

Pierre du féminin par excellence, la Cornaline renforce le centrage et développe votre intuition, ce qui alimente votre créativité. Elle vous apporte une connexion et une énergie de réconciliation avec celle de la mère. Elle renforce la confiance en vous et apaise ainsi vos peurs et vos angoisses.

Liée à l'énergie de la matrice, la Cornaline vous permet de faire fructifier et de matérialiser toutes choses avec fluidité. Elle induit le développement de votre force d'accueil, d'écoute et de présence face à toutes choses et par rapport à vous-même. Elle vous aide à vous réconcilier avec votre corps et aide aussi votre sexualité à s'exprimer et à s'épanouir pleinement. Comme le Grenat rouge étoilé, elle favorise votre libido.

Cette pierre me convient si…

- ✓ j'ai du mal à réguler mon alimentation car je n'arrive pas à écouter mes véritables besoins, j'assimile mal la nourriture, comme les événements, et j'ai un rapport déséquilibré avec la nourriture ;
- ✓ je suis dans la séduction permanente car je ne crois pas en moi ;
- ✓ j'écoute plus les autres que moi-même ;
- ✓ j'ai plein d'idées de création que je n'arrive pas à matérialiser ;
- ✓ je ne me sens pas créatif ;
- ✓ j'ai du mal à assumer ma sensibilité ;
- ✓ ma sexualité est au point mort, je n'ai plus de libido ;
- ✓ je refuse d'accueillir les autres dans ma sphère ;
- ✓ je suis lunatique et inconstant ;
- ✓ je ne parviens pas à me connecter à moi-même.

Conseils d'utilisation

Si l'une des affirmations de la rubrique précédente vous interpelle, nous vous recommandons de tenir en main une Cornaline dans les activités de la vie quotidienne, par exemple lorsque vous lisez, devant un film, en méditation, lorsque vous parlez avec vos proches, ou dans toute autre activité de votre vie.

Pour vous permettre de mettre plus facilement en terre vos idées et vos intuitions, nous vous recommandons l'utilisation d'une Cornaline la nuit, lors des périodes de création de projets. Elle vous permet d'assimiler les informations accumulées durant la journée et de vous détendre. Il suffit de poser simplement la pierre sur votre ventre avant de dormir. Gardez-la près de votre tête durant votre sommeil.

Si vous avez des difficultés pour avoir un enfant, dormez avec une Cornaline. Dans les cas d'opérations au niveau du ventre ou des organes génitaux, cette pierre accompagne favorablement votre convalescence et aide votre corps à ne pas mémoriser trop profondément le choc de l'opération. Elle vous aide également à vous réconcilier avec votre corps si vous ne l'acceptez pas ou si votre sexualité et/ou libido sont en berne.

Durant une phase de conflit avec votre mère ou votre conjoint, l'utilisation d'une Cornaline est recommandée pour calmer les tensions et désamorcer les conflits. Lors de révisions d'examens, la Cornaline vous aide à aborder les choses plus intuitivement que mentalement et vous restitue la mémoire.

La Cornaline est vivement conseillée pour réguler l'alimentation et les problèmes d'anorexie, de boulimie ou de régimes alimentaires. Après un repas difficile à digérer, la Cornaline sera votre alliée.

Conseils de nettoyage

La Cornaline se nettoie par trempage dans l'eau.

ÉMERAUDE

Émeraude sur gangue (Brésil)

Mots-clés : cœur, spontanéité, magie, puissance, dualité, unité, intégrité.

Origine du nom : issu du latin *smaragdus*, qui vient lui-même du perse *zamarat*, qui signifient « cœur de pierre ».

Gisements : Afrique du Sud, Australie, Autriche, Brésil, Colombie, États-Unis, Inde, Madagascar, Nigeria, Pakistan, Russie, Tanzanie, Zambie.

Couleurs : vert bleu, vert franc soutenu, clair et foncé.

L'Émeraude régule les ambivalences. Elle vous aide à prendre plus facilement vos décisions, à reconnaître vos dualités et elle vous procure de la sérénité en renforçant votre énergie de cœur. Vous pouvez alors observer sans jugement de valeur sur vous-même, les aspects « clairs » et « obscurs » qui sont présents en vous. Elle vous permet de comprendre que vos croyances sur ce qui est « bien » ou « mal » sont les deux facettes d'une même énergie. Elle vous apporte le lâcher-prise nécessaire à l'émanation de votre pouvoir au quotidien, et, grâce à elle, vous abandonnez l'intention, le mental et les jugements en laissant spontanément circuler les énergies à travers votre cœur. Votre puissance de matérialisation s'en trouve d'autant amplifiée.

L'Émeraude vous permet de mieux percevoir les énergies et vous ouvre la « voie du magicien ». Vous prenez la mesure de la multiplicité des possibles en développant une forme d'intégrité, garde-fou des tentatives de manipulation, de pouvoir, voire de destruction. Ainsi unifie-t-elle toute forme d'opposition en vous, notamment dans votre rapport à l'Autre et à votre environnement.

Cette pierre me convient si...

✓ je sens des choses en moi qui me font peur ;

✓ je suis dans le mental et je réfléchis trop ;

✓ j'ai évolué dans un cadre où les gens me manipulaient et je suis moi-même dans la manipulation de façon plus ou moins consciente ;

✓ je m'intéresse à tous les phénomènes paranormaux et je suis passionné de magie ;

✓ je suis dans le conflit permanent, intérieur et extérieur ;

✓ je n'arrive pas à vivre une relation amoureuse saine ;

✓ j'ai un lien spécial avec la Nature ;

✓ j'ai peur de ma propre puissance, donc je la bride ;

✓ j'ai du mal à prendre des décisions ou à choisir ;

✓ je suis manichéen, c'est tout blanc ou tout noir.

Conseils d'utilisation

Si l'une des affirmations de la rubrique précédente vous interpelle, nous vous recommandons de vous accompagner d'une Émeraude dans vos activités quotidiennes.

Si vous vous sentez en conflit intérieur, en grande dualité ou dans l'ambivalence, l'emploi de cette pierre vous aide à réguler cet état. Elle est particulièrement recommandée si vous avez un choix à faire et qu'il vous est difficile de vous décider. Elle vous aide à faire votre choix. Dans ce cas, nous vous conseillons de faire une « cure » d'Émeraude en dormant plusieurs jours ou semaines avec : posez-la simplement sur votre ventre avant de dormir, puis sous votre oreiller durant votre sommeil.

Si vous êtes en phase de matérialisation ou de création d'un projet, dormir avec une Émeraude vous aide à déployer votre intuition, vos énergies et toute votre puissance.

Elle est aussi particulièrement recommandée lors de périodes de nettoyage des mémoires anciennes, de colères oubliées, d'empreintes de manipulation ou de tout autre système parasitaire qui bride l'émanation de ce que vous êtes aujourd'hui.

Lors de conflits affectifs très passionnels, l'emploi d'une Émeraude vous aide à faire les choix nécessaires pour clarifier la relation et la situation.

Enfin, si vous avez une histoire avec la magie, que vous souhaitez y voir plus clair, et même apprendre à ressentir en vous les forces présentes dans la Nature et l'homme, utiliser une Émeraude fait émerger les ressources intérieures à votre disposition pour équilibrer les choses, en vous et dans votre environnement.

Conseils de nettoyage

L'Émeraude se nettoie par trempage dans l'eau.

FLUORINE

Forme libre de Fluorine (Madagascar)

Mots-clés : fluidité, clairvoyance, transmission.

Origine du nom : issu du latin *fluere*, qui signifie « flux » ou « écoulement », en référence à son très faible point de fusion.

Gisements : de nombreux pays à travers le monde. En Europe : Allemagne, France, Royaume-Uni, Madagascar.

Couleurs : toutes les couleurs du spectre.

La Fluorine calme votre mental, clarifie et développe vos perceptions extrasensorielles. Elle développe votre clairvoyance. Elle active l'adaptabilité de votre vision en dissolvant toutes les formes analytiques. Elle fait circuler les énergies qui transitent en vous afin que votre mental ne s'en empare pas et ne déforme les informations captées. Elle augmente votre confiance en vous et en votre intuition/vision, et vous pousse à prendre en compte ce que vous percevez. En cas de doute, elle vous aide à exprimer simplement vos perceptions. En les partageant avec votre entourage, vous définissez vos sensations, ce qui diminue le stress lié à la sensation de « flou ».

La Fluorine permet aux extrasensibles de se pacifier intérieurement. Elle vous donne l'assise nécessaire pour transmettre paisiblement les informations que vous percevez. Elle fluidifie et apaise vos flux émotionnels.

Cette pierre me convient si...

✓ j'ai souvent mal à la tête ;

✓ je suis dans l'hypermentalisation et je ressens une pression permanente en moi ;

✓ je suis hypersensible, je capte tout et cela me déstabilise ;

✓ j'ai des idées fixes ;

✓ je n'arrive pas à me libérer de certaines influences et je suis influençable ;

✓ je suis tendu et stressé ;

✓ je vis souvent des malentendus avec mon entourage ;

✓ je ne parviens pas à exprimer clairement ce que j'observe ou ce que je ressens ;

✓ mon mental essaie de comprendre et enferme mon intuition ;

✓ je manque d'adaptabilité.

Conseils d'utilisation

Si l'une des affirmations de la rubrique précédente vous interpelle, nous vous recommandons de vous accompagner d'une Fluorine. Vous pouvez le faire en tenant la pierre en main, par exemple lorsque vous lisez un livre, devant un film, en méditation, lorsque vous parlez avec vos proches ou dans toute autre activité de votre vie quotidienne.

Nous recommandons également l'utilisation d'une Fluorine pendant la nuit lors des périodes où vous n'arrivez plus à relâcher une pression mentale, qui a tendance à brider l'émergence de toutes formes d'intuition. Le contact avec la Fluorine affaiblit l'emprise mentale sur l'intuition et vous permet de vous laisser guider par le flux de votre vision, sans parasitage ni blocage. Dans votre lit, il vous suffit de poser la pierre sur votre ventre ou votre front avant de dormir. Gardez-la ensuite près de votre tête, dans le lit, durant votre sommeil.

Lorsque vous êtes en phase d'introspection profonde ou de puissants mouvements internes, dormir avec une Fluorine accélère les processus d'observation et de prise de conscience avec une justesse qui vous évite de tomber dans le mental et de perdre du temps.

La Fluorine est particulièrement recommandée lors de périodes conflictuelles avec votre entourage. Elle vous permet d'exprimer plus clairement ce que vous ressentez sur le plan intuitif et par conséquent d'apaiser les malentendus, les amalgames ou les confusions éventuelles.

Si vous éprouvez le sentiment d'être sous l'emprise mentale et subtile de quelqu'un, l'utilisation de la Fluorine aide à vous en détacher naturellement et avec fluidité. Elle vous redonne l'assise nécessaire pour reprendre les rênes de votre propre espace de pensée et d'action en toute autonomie.

Enfin, si vous souhaitez développer votre clairvoyance ou la renforcer et la clarifier, la Fluorine accentue votre réceptivité en libérant votre sensibilité émotionnelle et intuitive.

Conseils de nettoyage

La Fluorine se nettoie par trempage dans l'eau.

GRENAT ROUGE ÉTOILÉ

Grenat rouge étoilé poli (Inde)

Les indications de cette fiche concernent exclusivement le Grenat rouge étoilé, qui seul possède la bande passante vibratoire nécessaire pour manifester les propriétés abordées ci-après. Les autres variétés de Grenat agissent simplement sur l'apport d'énergie vitale.

Mots-clés : vitalité, feu, création, matérialisation, sexualité, liberté.

Origine du nom : viendrait soit du latin *malum granatum*, qui signifie « pomme à grains, grenade » en référence à sa couleur, soit du latin *granum*, qui signifie « grain » en référence à sa forme.

Gisements : Afghanistan, Autriche, Brésil, Inde, République tchèque, Sri Lanka.

Couleurs : rouge, brun, parfois violacé tirant sur le noir.

Le Grenat rouge est qualifié « étoilé » lorsque sa haute qualité de cristallisation permet à la lumière de scintiller dans sa structure. Pierre de vitalité par excellence, il amplifie l'énergie vitale nécessaire à la matérialisation de votre créativité. Profondément lié à la force de vie, il vous aide à trouver de nouvelles dimensions dans votre sexualité en la débarrassant de tous les tabous, croyances et interdits sociétaux qui la limitent. Sur ce plan, il dissout et répare l'empreinte des chocs vécus dans votre histoire de vie.

Il vous libère des conditionnements et vous procure une sensation de liberté, de force et d'élan vital qui vous donne l'énergie requise pour réaliser toutes formes de créations quelles qu'elles soient. Il développe votre inspiration. Il vous permet de contacter l'énergie de vie inscrite dans votre environnement et d'ouvrir largement votre rapport à l'Autre.

Cette pierre me convient si...

- ✓ je suis dépressif, voire suicidaire ;
- ✓ je ne me sens pas créatif, je n'arrive pas à matérialiser les choses ;
- ✓ je suis passionné mais n'ose pas le montrer ;
- ✓ je n'ai pas d'idées, d'envies ou de désirs ;
- ✓ je ne suis pas à l'aise dans mon corps physique ;
- ✓ la sexualité me fait peur ou me dégoûte ;
- ✓ je ne pense qu'à la sexualité mais sans la vivre ;
- ✓ je suis souvent excité ou nerveux ;
- ✓ j'ai tendance à brider mes désirs ; j'ai du mal à me mettre en action pour matérialiser les choses ;
- ✓ je n'arrive pas à vivre l'état amoureux ou je suis trop fusionnel dans mes relations.

Conseils d'utilisation

Si vous vous sentez interpellé par une des affirmations de la rubrique précédente, nous vous recommandons de vous accompagner d'un Grenat rouge étoilé dans vos activités quotidiennes. Vous pouvez le prendre en main notamment dans vos phases de repos, par exemple lorsque vous lisez, devant un film, en méditation ou dans toutes les activités matérielles de votre vie quotidienne.

Nous vous recommandons de dormir avec cette pierre lors des périodes de grande fatigue chronique. Elle rehausse votre énergie vitale sans pour autant vous exciter. Mettez la pierre sur votre ventre avant de dormir. Gardez-la ensuite dans votre lit durant le sommeil.

Vous pouvez également utiliser le Grenat rouge lorsque vous êtes en phase de création ou de matérialisation. Il amplifie votre inspiration et votre puissance d'action pour mettre en œuvre vos désirs et vos projets.

Il est aussi particulièrement recommandé lors des périodes de frustration sexuelle ou d'absence de sexualité afin de ne pas laisser vos énergies se « scléroser ». Il nettoie vos résistances internes à la sensualité et au contact physique.

Si vous avez vécu un viol ou des attouchements sexuels durant votre parcours de vie, le Grenat rouge étoilé permet de réparer les fractures que cela a engendrées en vous sur le plan énergétique pour que vous puissiez renouer avec la vie, le désir, le plaisir et effacer les empreintes cellulaires.

Enfin, si vous avez des tendances dépressives, le Grenat rouge étoilé éveille et stimule la lumière présente en vous. Il vous apporte du tonus et le désir de faire les choses.

Sur le plan énergétique, le Grenat rouge étoilé est conseillé aux accompagnants ou praticiens de bien-être dans l'objectif de ne pas décharger leur énergie vitale au contact de leurs patients. De nombreux magnétiseurs l'emploient entre ou pendant leurs soins. Il leur évite de trop « tirer » sur leur propre capital énergétique.

Conseils de nettoyage

Le Grenat rouge étoilé se nettoie par trempage dans l'eau.

GYPSE

Gypse brut (Brésil)

Origine du nom : issu du gréco-latin *gypsum*, emprunté au grec *gypsos*, qui désigne la pierre à plâtre, le gypse, voire la craie et le ciment en général.

Gisements : Brésil, Canada, Chine.

Couleurs : blanc, transparent.

Le Gypse vous permet de vous relier aux aspects les plus subtils de votre intuition. La simple prise en main de ce minéral vous incite à vous asseoir, à vous poser tranquillement dans votre intimité, et à prendre le temps de regarder. En faisant cela, vous entrez naturellement dans un espace d'introspection et de profondeur, tout en douceur.

Le Gypse renforce l'action de la Lumière dans les plans de l'être, et met en évidence tous les éléments qui viennent en opposition avec son haut niveau fréquentiel (et donc le vôtre). Il vous aide à établir les liens intuitifs qui vous permettent de comprendre comment tel type de pensée, telle parole ou telle attitude alimentent les détériorations de votre psyché, et entraînent des dérèglements dans votre capacité à recevoir les informations. Vous percevez ainsi comment votre aptitude à les catalyser peut se dégrader.

C'est par ce type de dérégulation luminique que l'humain alimente ses états de dépendance, voire d'addiction en tous genres, et/ou de projections émotionnelles (les trois niveaux sont souvent concomitants).

Cette pierre vous apporte de la sérénité et du recul par rapport aux événements du quotidien. Elle vous fait vous placer d'un autre point de vue, à un autre niveau de perception que celui de la densité matérielle. Elle induit cela naturellement, simplement en renforçant votre énergie lumineuse.

Conseils de nettoyage

Le Gypse se nettoie par fumigation.

HÉMATITE BRUTE

Hématite brute (Maroc)

Les indications ci-dessous ne sont valides qu'uniquement dans le cadre de l'utilisation d'une Hématite brute. Sous forme de bijoux, bracelets, etc., les produits en Hématite sont composés de poudre d'Hématite reconstituée avec de la résine de synthèse, et sont sans aucune propriété.

Mots-clés : structure, énergie vitale, régénération, construction.

Origine du nom : issu du latin *haematites*, lui-même issu du grec *aima*, qui signifie « sang ».

Gisements : Allemagne, Angleterre (Royaume-Uni), Brésil, Espagne, États-Unis, France, Italie, Norvège, Maroc.

Couleurs : gris et noir, rouge, éclat métallique.

Composée principalement de fer, l'Hématite brute vous connecte à l'énergie des structures à tous niveaux. Considérée comme la « pierre des bâtisseurs », elle vous permet d'accepter la construction et la mutation permanente des structures en vous apportant la faculté de les remettre en question, tant sur le plan matériel que sur les plans corporels et énergétiques. Afin de pérenniser les structures, elle vous permet d'intégrer les mutations qu'apporte le temps qui passe. Elle dispense la souplesse nécessaire à la matière et aux créations pour croître et se développer.

L'Hématite brute vous transmet une puissante énergie vitale et accroît votre capacité de matérialisation. Engendrant la prospérité, elle génère une profonde libération des contrôles. Symbole de mort et de renaissance, elle vous apporte l'énergie du lâcher-prise, comme le Bois fossilisé. Elle génère une pugnacité dans le fait d'entreprendre, de créer des projets et d'être dans l'action. Cette pierre génère la solidité et la force nécessaires pour vous aider à réaliser les choses. Elle dissipe votre peur de l'échec et votre sentiment d'insécurité généré par la peur de l'inconnu. Elle vous montre que parfois, pour construire, il est nécessaire de détruire les anciennes structures.

Cette pierre me convient si...

- ✓ je suis dans le contrôle ;
- ✓ je me cramponne à mes acquis ;
- ✓ je n'aime pas faire les choses avec mes propres mains ou mes propres moyens ;
- ✓ je ne suis pas persévérant, par conséquent je ne termine pas grand-chose ;
- ✓ je ne parviens pas à déléguer ;
- ✓ je suis accro au travail ;
- ✓ j'ai toujours rêvé d'être mon propre patron mais je ne m'en sens pas capable ;
- ✓ le changement et l'imprévu me font peur ;
- ✓ j'ai besoin de renouveau ;
- ✓ mon rapport à l'argent est stressant et en rétention permanente.

Conseils d'utilisation

Si vous vous sentez concerné par une des affirmations de la rubrique précédente, vous pouvez rééquilibrer cette tendance en vous accompagnant d'une Hématite brute. Pour ce faire, tenez-la en main le plus souvent possible dans la journée, par exemple lorsque vous lisez, devant un film ou dans toute autre activité de votre vie quotidienne.

L'utilisation d'une Hématite brute est particulièrement recommandée lors des périodes où vous vous investissez dans des projets, une création d'entreprise ou toute autre forme de matérialisation. Le stress, la rigidité et les peurs que cela génère se désamorcent par le contact avec cette pierre, grâce à laquelle vous conservez votre adaptabilité et un mouvement permanent. L'Hématite brute permet à votre corps de ne rien figer. Posez la pierre sur votre ventre avant de dormir. Gardez-la près de vous, dans le lit, durant votre sommeil.

Si vous vous sentez limité par des habitudes très ancrées, l'Hématite brute vous apporte un mouvement structurel qui vous permet de renouveler vos fonctionnements. Vous vous adaptez alors plus facilement au contexte dans lequel vous vous trouvez.

Si vous ressentez une fatigue chronique, une cure d'Hématite brute durant votre sommeil recharge vos batteries, vous fait retrouver la motivation, l'énergie, l'envie de bouger et de passer à l'action. Elle stimule ainsi votre potentiel de création matérielle.

Si, suite à de grands changements de vie, vous êtes en reconstruction personnelle, l'Hématite brute constitue la compagne idéale. Elle dissout vos anciens schémas sclérosants pour vous aider à faire renaître en vous les codes qui sont l'expression de votre structure fondamentale. L'Hématite brute vous apporte une puissante faculté de rebond et de « renaissance ».

Conseils de nettoyage

L'Hématite brute se nettoie par fumigation.

JADE

Galet de Jade (Myanmar)

Origine du nom : l'étymologie est espagnole. Les conquistadors du XVe siècle baptisèrent la pierre « *piedra de ijada* », qui signifie textuellement « pierre pour la fosse [iliaque] ».

Gisements : Canada, Chine, États-Unis, Guatemala, Japon, Mexique, Myanmar, Nouvelle-Zélande, Russie.

Couleurs : vert, blanc, émeraude, orange, noir, bleu lavande, violet ou rose.

Baptisé la « pierre de l'Empereur », le Jade vous aide à vous relier aux Lois divines par l'énergie du cœur. À travers une certaine exigence, il vous amène à trouver la bonne distance entre vous-même et votre ego. Il vous dégage des mécanismes d'influence et des jeux de pouvoir en vous apportant l'ouverture du cœur nécessaire pour recevoir et émaner naturellement l'énergie des Lois universelles.

En vous permettant d'accéder à d'autres dimensions de l'énergie du cœur, le Jade vous enseigne l'ouverture à de multiples niveaux. Il initie et élève votre esprit aux plus hautes aspirations et réalisations de l'Humanité. Le Jade développe ainsi avec modestie, charité et sagesse votre capacité de transmission. Il facilite la contemplation et l'harmonie intérieure. Cette pierre est donc particulièrement recommandée aux personnes qui enseignent ou accompagnent autrui dans leur évolution personnelle ou professionnelle.

Conseils de nettoyage

Le Jade se nettoie par trempage dans l'eau.

JASPE IMPÉRIAL

Forme libre de Jaspe polychrome dit « impérial » (Madagascar)

Mots-clés : transmission, territoire, quotidien, ancrage.

Origine du nom : le terme « jaspe » est issu du latin *jaspidem*, lui-même issu du grec *iaspis*, qui signifient « pierre tachetée ». Le terme « impérial » fait référence à ses motifs, qui ressemblent à un territoire ou à une carte. Pierre aussi appelée « Jaspe polychrome ou imprimé ».

Gisements : Allemagne, Brésil, États-Unis, France, Inde, Madagascar, Oural (Russie).

Couleurs : toutes les couleurs. Le Jaspe peut comporter des figures géométriques, des mouchetés, des taches, des nuages, des zébrures.

Variété de haute qualité de Jaspe polychrome, le Jaspe impérial inspire le respect. Il vous aide à assumer pleinement votre puissance et votre autorité naturelle en vous apportant une profonde assurance. Il vous préserve des déséquilibres de l'ego (prise de pouvoir sur les autres ou difficultés à vous imposer). Il vous permet d'œuvrer dans le quotidien avec fluidité et d'étendre naturellement votre champ d'influence sans conflits de pouvoir ou d'autorité. Il vous apporte mobilité et adaptabilité sur les plans matériel et humain. Vous trouvez donc physiquement votre place dans la gestion des mouvements du quotidien en créant un automatisme de positionnement juste.

En développant ouverture et présence dans chaque instant du quotidien, cette pierre libère votre puissance et vous fait entrer dans une dimension de transmission.

Cette pierre me convient si…

- ✓ je n'arrive pas à trouver ma place ;
- ✓ je suis trop autoritaire, voire dictatorial ;
- ✓ je suis en malaise au contact des autres même si je ne le montre pas ;
- ✓ je me dévalorise ;
- ✓ j'ai soif de pouvoir mais je n'ose pas le montrer ;
- ✓ je refuse la hiérarchie et l'autorité ;
- ✓ je me sens envahi par les tâches du quotidien ;
- ✓ j'ai besoin de créer des projets mais je n'y parviens pas ;
- ✓ je suis dans le jugement ;
- ✓ je n'arrive pas à transmettre les choses à mon entourage.

Conseils d'utilisation

Vous vous sentez concerné par une des affirmations de la rubrique précédente. Nous vous recommandons de vous accompagner d'un Jaspe impérial durant vos activités journalières, par exemple lorsque vous lisez ou devant un film. Utilisez-le durant la nuit, notamment si vous vous sentez dévalorisé, déprimé et que vous peinez à vivre avec dignité dans le respect de vous-même. Cette pierre vous permet de recontacter une puissance de cœur et de compassion envers vous-même. Il vous suffit de la poser sur votre ventre avant de dormir. Gardez-la près de vous dans le lit, durant votre sommeil.

Si vous entrez dans une période de grande activité matérielle comportant de nombreux problèmes à régler, le Jaspe impérial vous aide à coordonner vos actions et votre pensée pour les rendre les plus fluides possibles. Il est particulièrement conseillé lors des périodes relationnelles difficiles avec la mère, ou si votre histoire de vie est empreinte de prises de pouvoir et de conflits territoriaux.

Si vous vous sentez rebelle et réformateur, le Jaspe impérial vous apaise pour que vous puissiez utiliser votre énergie de matérialisation plutôt que celle de votre ego afin de changer les choses qui ne vous semblent pas justes. De cette manière, vous ne restez pas bloqué au stade du jugement.

Enfin, si vous souhaitez entrer dans une dimension de transmission et d'enseignement, le Jaspe impérial vous aide à matérialiser votre espace et votre projet pour manifester par le cœur tout ce que vous aurez à partager avec les autres.

Conseils de nettoyage

Le Jaspe impérial se nettoie par trempage dans l'eau.

JASPE ROUGE

Forme libre de Jaspe rouge (Madagascar)

Mots-clés : matière, quotidien, force vitale.

Origine du nom : le terme « jaspe » est issu du latin *jaspidem*, lui-même issu du grec *iaspis*, qui signifient « pierre tachetée ». Le terme « rouge » vient de sa couleur rouge brique.

Gisements : Afrique du Sud, Allemagne, Brésil, États-Unis, France, Inde, Madagascar, Oural (Russie).

Couleurs : rouge, beige, pourpre.

Relié à l'énergie de la Terre, le Jaspe rouge vous connecte à l'énergie vitale nécessaire pour accomplir vos tâches quotidiennes. Il renforce votre contact avec votre corps physique et vous permet de vous réconcilier avec lui. Il vous aide ainsi à intégrer la dimension matérielle des choses et l'incarnation. Avec puissance et douceur, le Jaspe rouge établit une grande fluidité avec la matière (travail, organisation, argent) et une aisance corporelle et financière. Il dynamise vos facultés de matérialisation et optimise votre potentiel de création. Grâce à cette pierre, vous ne considérez plus les aspects de la vie quotidienne comme une charge mais comme des outils mis à votre disposition pour réaliser ce que chaque instant vous demande.

Il répare vos blessures liées à l'immigration et au déracinement géographique. Il vous réconcilie avec vos lignées ancestrales et vos origines, et vous permet d'intégrer la richesse culturelle constituée par les métissages ethnique et culturel.

Cette pierre me convient si...

- ✓ je suis toujours fatigué ;
- ✓ je ne me sens pas à l'aise dans mon corps ;
- ✓ j'ai des problèmes d'organisation ;
- ✓ je n'aime pas l'argent, ou j'ai du mal à l'aimer ;
- ✓ je n'arrive pas à m'ancrer, je ne sais pas où j'habite ;
- ✓ je ne parviens pas à matérialiser mes projets ou idées ;
- ✓ je ne trouve aucun sens à la vie ;
- ✓ j'ai peur de passer à l'action, je ne me sens pas capable de faire des choses concrètes ;
- ✓ je ne suis pas présent ;
- ✓ chaque tâche de la vie quotidienne me semble pesante, et il me faut beaucoup de temps et d'énergie pour les exécuter.

Conseils d'utilisation

Si vous vous sentez concerné par une des affirmations de la rubrique précédente, nous vous recommandons d'utiliser un Jaspe rouge dans vos activités quotidiennes. Si vous vous sentez impuissant face à ce que vous avez à faire matériellement, être au contact de cette pierre apaise vos peurs face au quotidien et vous donne le courage d'affronter tous les problèmes matériels avec dynamisme. Pour une plus grande efficacité, nous vous recommandons de poser la pierre sur votre ventre avant de dormir. Gardez-la dans votre lit durant votre sommeil. Si vous vous sentez fatigué, dormir avec un Jaspe rouge vous procure l'énergie de ne pas laisser s'accumuler les choses de jour en jour.

Le Jaspe rouge est particulièrement recommandé lors de périodes conflictuelles avec votre mère. Il permet de pacifier la situation en vous plaçant dans l'écoute instinctive et en vous positionnant clairement vis-à-vis d'elle.

Lors d'un changement de lieu de vie ou de pays, le Jaspe rouge vous aide à vous adapter à ce nouveau cadre et à vivre plus sereinement ce passage humain, territorial, social et culturel. Il apaise le sentiment de nostalgie que vous pouvez éprouver pour votre pays d'origine.

Enfin, si vous vous sentez en guerre avec le fait même d'être vivant dans un corps physique qui vous semble trop retreint, le Jaspe rouge installe progressivement en vous un confort qui vous réconcilie avec vous-même, avec la matière et avec la vie en général.

Conseils de nettoyage

Le Jaspe rouge se nettoie par trempage dans l'eau.

LABRADORITE

Forme libre de Labradorite (Madagascar)

Mots-clés : hypermentalisation, conception, pensée, intuition.

Origine du nom : d'après la région du Labrador (Canada), site de sa découverte.

Gisements : Australie, Canada, États-Unis, France, Madagascar, Mexique, Russie, Ukraine.

Couleurs : bleu, vert et gris. Bien souvent gris avec des effets miroir bleus, roses, violines, orange.

La Labradorite clarifie votre pensée et vous permet de suivre votre fil conducteur à travers les parasitages mentaux. Elle dissout votre contrôle mental, qui génère une charge psychique nocive pour votre bien-être. Elle positionne votre mental au service de votre intuition.

Calmant l'hypermentalisation, cette pierre développe votre capacité de vision, vous fait « voyager », et vous ouvre à une forme d'évasion qui vous permet d'échapper à la densité mentale humaine. Elle vous aide ainsi à capter de nouveaux courants intuitifs, à les formuler puis à les transmettre à travers de nouveaux concepts. La Labradorite permet à votre mental de s'affiner en lui conférant mobilité et ouverture. Grâce à cette pierre, vous mettez vos idées et vos intuitions à la portée de tous. Elle vous initie ainsi à une forme de transmission qui éclaire les esprits grâce à l'expression intuitive de toutes les nuances de la conscience qu'elle vous apporte.

Cette pierre me convient si...

- ✓ j'ai tout un monde dans ma tête mais je n'en parle pas ;
- ✓ j'ai l'impression que je pressens des choses, mais je n'arrive pas à les formuler ;
- ✓ j'aimerais pouvoir transmettre ma vision des choses clairement au quotidien ;
- ✓ je contrôle tout grâce à mes facultés mentales ou intellectuelles ; je privilégie le raisonnement, la logique, l'analyse plutôt que mon intuition ;
- ✓ je suis en stress mental au quotidien ;
- ✓ les autres me demandent souvent conseil, mais j'ai tendance à perdre patience ;
- ✓ j'ai toujours envie d'inventer des choses, mais j'ai du mal à en visualiser les étapes de création ;
- ✓ je suis en décalage avec mon entourage car j'ai l'impression d'avoir un temps d'avance sur les autres et qu'ils ne comprennent rien ;
- ✓ je sens que ma vision pourrait accompagner les autres, mais je n'ose pas la partager ;
- ✓ j'ai constamment l'esprit embrumé.

Conseils d'utilisation

Si vous vous sentez concerné par une des affirmations de la rubrique précédente, nous vous recommandons de porter une Labradorite durant vos activités quotidiennes, et notamment lorsque vous sentez que votre mental s'emballe. Vous pouvez la poser sur vos genoux en lisant, devant un film, en méditation ou dormir avec sous votre oreiller.

Lors de périodes où votre mental est omniprésent, ou si vous éprouvez le sentiment de tourner en rond dans votre tête, la Labradorite vous aide à démêler puis à dissoudre vos idées fixes. Elle permet à votre esprit de se dégager de la charge mentale que vous avez accumulée durant la journée. Il suffit de poser simplement la pierre sur votre ventre le soir avant de dormir. Conservez-la ensuite près de vous durant votre sommeil.

Si vous développez des activités qui sollicitent beaucoup de réflexion, ou que vous évoluez dans des contextes difficiles sur le plan psychique, nous vous recommandons de placer une Labradorite de plusieurs kilos sur votre bureau afin de muter les charges mentales et d'éviter de le faire à travers votre propre corps. C'est particulièrement recommandé aux personnes qui sont en contact permanent avec un public, particulièrement dans la relation d'aide. La présence de cette pierre dans votre espace de travail vous permet d'être moins épuisé, le soir venu.

Lors des périodes de conceptualisation, lorsque vous devez formuler de nouvelles choses ou penser « autrement » pour trouver des solutions innovantes, la Labradorite s'avère une précieuse alliée de création. Grâce à elle, votre intuition n'est pas parasitée par votre mental.

La Labradorite permet aux plus cartésiens de retrouver une mobilité et une ouverture d'esprit qui ne s'arrête plus aux limites de l'analyse et de la compréhension : elle amplifie vos sens, vos perceptions et donc votre intuition.

Sachez que la Labradorite souffre de sa réputation bien ancrée de « pierre du thérapeute ». Même si elle est très utile aux soignants et/ou aux accompagnants (à qui elle évite d'être pollués par le mental de patients), son action et sa destination sont utiles à tout le monde.

Conseils de nettoyage

La Labradorite se nettoie par trempage dans l'eau.

Forme libre de Lapis-lazuli (Pakistan)

LAPIS-LAZULI

Mots-clés : Lois cosmiques, vision, transmission, cohérence.

Origine du nom : issu du latin *lapis* et de l'arabe *azul*, qui signifient « pierre bleue ».

Gisements : Afghanistan, Canada, Chili, États-Unis, Myanmar, Pakistan, Russie.

Couleurs : bleu indigo, bleu outremer. Le Lapis-lazuli peut se trouver moucheté d'or (Pyrite) et tacheté de blanc (Calcite).

Pierre sacrée de l'Égypte ancienne, le Lapis-lazuli établit un lien direct avec l'énergie des Lois divines et vous plonge au cœur des structures universelles. Cette connexion vous permet de voir la réalité telle qu'elle est dans l'Instant présent, débarrassée des filtres qui ont été érigés par votre histoire de vie et celle de l'Humanité. En levant ces voiles, le Lapis-lazuli vous permet de développer votre clairvoyance naturelle, d'être profondément à l'écoute des autres et de comprendre combien la rébellion aux lois est illusoire, et ô combien la discipline vis-à-vis de vous et de votre conscience est importante. Cette pierre est directement reliée à vos valeurs morales.

En vous aidant à accueillir l'énergie des Lois et en ajustant votre vision de la Réalité, le Lapis-lazuli vous permet de retrouver l'intégralité de votre potentiel de transmission et la justesse de votre pouvoir de décision. Vos décisions quotidiennes deviennent plus cohérentes. Cette pierre les place d'un point de vue global et universel dans le respect et l'écoute de votre intuition.

Cette pierre me convient si...

- ✓ je suis têtu, rebelle, j'ai des idées fixes ;
- ✓ je suis trop ou pas assez autoritaire ;
- ✓ j'écoute trop les autres, ou pas assez ;
- ✓ je suis dans l'autojugement et le jugement, je réfléchis trop ;
- ✓ je ne parviens pas à prendre de décisions ;
- ✓ j'aime transmettre, mais je ne me sens pas légitime pour le faire ;
- ✓ je n'arrive pas à exprimer mes visions et ma pensée ;
- ✓ je ne me sens pas écouté et encore moins pris en compte ;
- ✓ je ne vois pas le sens de mon existence ;
- ✓ je ne crois que ce que je vois, je suis cartésien.

Conseils d'utilisation

Si vous vous sentez concerné par une des affirmations de la rubrique précédente, le Lapis-lazuli vous sera probablement d'un grand secours. Tenez-en un en main le plus souvent possible dans la journée, quelles que soient vos activités quotidiennes, par exemple lorsque vous lisez, devant un film ou en méditation.

Si vous ressentez que vous n'arrivez plus à sentir et/ou à exprimer clairement vos visions, vos intuitions ou vos perceptions, cette pierre peut vous être d'une grande utilité. Elle désamorce la frustration, l'autojugement, l'enfermement et la solitude engendrés par cet état. Nous vous recommandons de dormir avec la pierre. Posez-la sur votre front ou votre ventre le soir, avant de dormir. Puis gardez-la sous votre oreiller durant le sommeil. Vous pourrez ainsi amplifier ou développer vos facultés de clairvoyance.

Le Lapis-lazuli accélère les processus d'observation, de prise de conscience d'une justesse qui vous évite de mentaliser lorsque vous êtes en phase d'introspection profonde ou de remise en question. Par ailleurs, il est particulièrement conseillé si vous avez développé une « pathologie » de la rébellion et que vous avez des réactions épidermiques lorsque vous êtes confronté à la moindre forme d'autorité (dans ce cas, il est probable que vous êtes vous-même autoritaire avec votre entourage), ce qui engendre des conflits avec l'autorité, votre père ou toute énergie de polarité masculine. Il vous permet de pacifier vos relations en vous plaçant dans l'écoute plutôt que dans la réaction.

Lors de changements de vie importants, le Lapis-lazuli vous aide à faire un état des lieux global, à visualiser votre nouveau cap plus clairement et à ajuster vos décisions. Lorsque vous avez des choix à faire, il vous donne plus confiance en vous.

Enfin, si vous souhaitez mieux ressentir combien l'Univers est présent en vous, dormir avec un Lapis-lazuli vous aide à percevoir cette cohésion absolue du « Tout est dans tout » qui amène inexorablement l'énergie de la joie et la sensation que votre vie a un sens.

Conseils de nettoyage

Le Lapis-lazuli se nettoie par trempage dans l'eau.

LUNÉLITE

Galet de Lunélite (Madagascar)

Mots-clés : canalisation, transmutation, conscience, tempérance.

Origine du nom : on dit qu'il en existerait sur la Lune. Pierre autrement appelée « Gabbro ».

Gisements : monde entier.

Couleurs : noir, violine et reflets argentés parfois.

De la famille des gabbros, la Lunélite vous permet de vous réconcilier avec toutes les formes de hiérarchie et pacifie les tempéraments excessifs. La régulation de vos excès favorise vos passages de vie et de conscience. Elle représente la pierre de transmutation par excellence.

Cette pierre vous connecte à l'énergie de canalisation et favorise puissamment vos états de conscience modifiés. Elle vous permet d'appréhender les énergies de toute nature, des plus denses aux plus subtiles. Pour ce faire, elle vous apporte un état de détente et de relaxation en impulsant l'équilibre et la jonction/fusion entre les énergies de la Terre et celles du Cosmos.

La Lunélite vous connecte à l'énergie de votre père et régule les rapports que vous entretenez avec lui. C'est une pierre de transmission et d'alignement sur l'énergie des Lois. Elle vous met en phase avec elles, vous permet de les comprendre, de comprendre la nature du rapport que vous avez avec elles et les conséquences de ce que ce rapport engendre en vous. La Lunélite dissout vos automatismes de séparation entre matière et spiritualité. Elle vous invite à vous tourner vers le service aux autres tout en ne vous oubliant pas vous-même.

Cette pierre me convient si...

✓ je suis excessif (addictions, comportements ou choix extrêmes) ;

✓ je suis rebelle et révolté, je suis en conflit avec la hiérarchie sous toutes ses formes ;

✓ j'ai une relation difficile, idéalisée, complexe ou inexistante avec mon père ;

✓ je n'aime pas le changement et les passages de vie, je n'arrive pas à changer certaines situations de ma vie ;

✓ j'ai du mal à joindre ma conscience et ma matérialité ;

✓ je souhaiterais canaliser plus clairement des informations subtiles ;

✓ je suis égoïste, je manque de mobilité ;

✓ je ne trouve pas de sens à ma vie ;

✓ je ne parviens pas à exprimer mon autorité naturelle ;

✓ j'aimerais être dans la transmission au quotidien, mais je me perds dans le service aux autres.

Conseils d'utilisation

Si vous vous sentez concerné par une des affirmations de la rubrique précédente, il est certain qu'une Lunélite vous sera d'un grand secours. Vous pouvez la tenir en main dans la journée ou aussi, pour profiter de son énergie, lorsque vous lisez, devant un film ou en méditation.

Toutes les périodes de transition ou de changement de vie sont facilitées par cette pierre. Le vécu du passage ou les passages successifs seront plus fluides et vous en comprendrez mieux le sens. Nous vous recommandons de dormir avec la pierre toutes les nuits sur une période de quelques jours ou quelques semaines.

Si vous vous sentez en conflit dans votre rapport à l'autorité ou à votre père, la Lunélite vous apporte tempérance, accueil et compréhension du sens de la manifestation de l'autorité, notamment sur le plan énergétique. Elle vous permet de désamorcer les conflits. Si vous souhaitez entrer dans une compréhension profonde et harmoniser le rapport que vous avez avec votre père, elle s'avère la pierre la plus appropriée.

Elle vous permet également de vous mettre au service des autres, dans le respect de votre propre espace. La Lunélite vous aide à dire « non », avec une forme d'autorité naturelle mais bienveillante, lorsque vous sentez qu'un « oui » irait à l'encontre de vous-même. Vous gardez la juste distance dans votre rapport avec l'Autre.

La Lunélite est également particulièrement recommandée si vous êtes sujet à des formes d'addictions, quelles qu'elles soient (affectives, drogues, troubles obsessionnels compulsifs, tabac, alimentation, etc.). Dormir avec la Lunélite apaise le besoin d'utiliser des « béquilles » extérieures.

Enfin, si vous souhaitez entrer dans une dimension de transmission en tant que canal d'informations, la Lunélite vous aide à relier les champs énergétiques matière/spiritualité pour rassembler vos forces. Elle amplifie ainsi votre potentiel de diffusion en vous évitant les croyances de séparation entre ces champs.

Conseils de nettoyage

La Lunélite se nettoie par trempage dans l'eau.

Boule de Malachite (Zaïre)

MALACHITE

Mots-clés : place, ouverture du cœur, accueil, empathie.

Origine du nom : issu du latin *malachites*, qui signifie « à travers », et du grec ancien *malakhé*, qui signifie « mauve ».

Gisements : Australie, Brésil, Chili, Congo, États-Unis, France, Israël, Rhodésie (Zimbabwe) Russie, Zaïre.

Couleurs : vert variant de pâle à très foncé.

Pierre d'ouverture du cœur, la Malachite renforce votre système immunitaire en vous permettant de trouver votre juste place sans vous sentir vampirisé ou étouffé par les autres. Elle vous apprend à dire « non » lorsque vos relations empiètent sur votre espace vital. Elle facilite votre mise en relation avec autrui en renforçant votre empathie et votre compassion par effet miroir. Elle vous permet de prendre conscience que les comportements des autres qui vous agressent ou vous agacent sont des aspects de vous-même que vous n'avez pas encore intégrés ou compris.

La Malachite renforce l'effet miroir et vous permet d'observer ces mécanismes. Comment juger quelqu'un pour quelque chose que vous pourriez faire vous-même ? Ainsi la Malachite vous fait-elle prendre du recul et vous apporte de la bienveillance dans vos rapports avec les autres. Elle vous permet de vous aimer… sans restriction !

La Malachite remplace le jugement des autres par l'accueil de la différence. N'oubliez pas le dicton : « Tu regardes la paille qui se trouve dans l'œil de ton voisin, mais tu ne vois pas la poutre qui est dans le tien. » Elle pacifie profondément les aspects relationnels de votre quotidien.

Cette pierre me convient si…

- ✓ j'ai du mal à aller à la rencontre des autres, ils m'agacent, m'envahissent et me fatiguent profondément ;
- ✓ je suis dans l'évaluation, le jugement et la critique dès qu'une nouvelle personne se présente à moi, j'ai tendance à remettre en question l'Autre avant moi-même ;
- ✓ j'aime tout le monde et, du coup, je suis « collant » ;
- ✓ je respire mal, mes défenses immunitaires sont faibles et je suis souvent malade ;
- ✓ je ne prends jamais ou pas assez d'espace et/ou de temps pour moi ;
- ✓ mes relations sont globalement conflictuelles ;
- ✓ souvent, je sens que je dérange, et cela me met mal à l'aise ;
- ✓ je suis agressif sans le vouloir. Par conséquent, les autres le sont avec moi ;
- ✓ je me mêle de ce qui ne me regarde pas ;
- ✓ je suis très mental.

Conseils d'utilisation

Si vous vous sentez concerné par une des affirmations de la rubrique précédente, il est probable qu'une Malachite vous donne un mieux-être. Gardez-la en main le plus souvent possible dans la journée, par exemple lorsque vous lisez ou devant un film.

Si des conflits relationnels se produisent d'une manière récurrente dans votre vie, nous vous conseillons de dormir avec une Malachite durant plusieurs semaines. Elle vous permet de ne pas ressasser les événements de la journée et de ne pas vous réveiller en tension du fait des conflits de la veille. Il suffit, le soir, de poser simplement la pierre sur votre plexus solaire avant de dormir. Gardez-la ensuite près de vous dans le lit toute la nuit. Vous pouvez faire de même si vous éprouvez des difficultés à vous positionner avec les autres et à trouver votre place. La Malachite vous aide à vous positionner plus justement par rapport à votre environnement.

Elle vous aide aussi à rester en ouverture et en accueil avec les autres, y compris lorsque vous êtes très sollicité dans votre quotidien, notamment par des personnes dont les comportements vous irritent.

Si vous éprouvez des difficultés respiratoires ou que vous avez du mal à prendre du temps pour vous, cette pierre est d'une grande aide pour parvenir à vous octroyer du temps juste pour vous. Et si vous vivez un puissant effet miroir avec quelqu'un de votre entourage, la Malachite vous aide à prendre conscience des mécanismes qui sont en jeu. Elle vous aide enfin à faire de profondes prises de conscience.

Conseils de nettoyage

La Malachite se nettoie par fumigation.

OBSIDIENNE NOIRE (ARGENTÉE OU CÉLESTE)

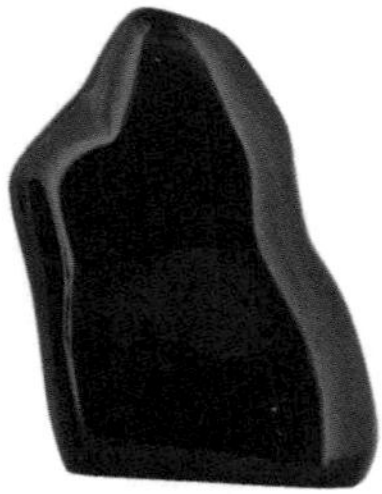

Forme libre d'Obsidienne noire (Mexique)

Mots-clés : colère, équilibre, arbitrage, jugement.

Origine du nom : viendrait de Obsius, personnage de la Rome Antique qui l'aurait découverte.

Gisements : Arménie, États-Unis, Islande, Japon, Mexique, Pérou.

Couleurs : noir, avec des reflets argentés, dorés ou parfois des auréoles colorées.

Pierre de justice par excellence, l'Obsidienne noire dissout vos colères et vous apporte une grande force vitale, au même titre qu'un Grenat rouge étoilé ou une Hématite brute. Elle vous permet de réguler vos mécanismes de jugement vis-à-vis des autres comme de vous-même et vous aide ainsi à arbitrer et à trouver l'équilibre. Elle élimine vos ambivalences et régule la dualité. Grâce à elle, vous observez également la part obscure de vous-même (celle que vous mettez aisément « sous le tapis »), mais aussi la part lumineuse. Ainsi génère-t-elle l'équilibre entre les deux sans porter de jugement sur l'une par rapport à l'autre. De cette manière, vous pouvez apprivoiser ces forces parfois opposées et conflictuelles qui vous habitent au quotidien.

L'Obsidienne noire vous incite à la médiation, à la réflexion, à l'arbitrage et à la prise de conscience de la relativité de la justice ou de l'injustice. Elle vous aide à adopter un regard lucide sur les choses, dénué de filtres et de rancœurs. Votre opinion peut alors se réajuster et devenir l'émanation de la justice. Cette pierre affine votre capacité d'observation. Elle apporte l'équilibre en vous et autour de vous par l'expression de l'autorité naturelle qu'elle vous dispense. Elle vous permet ainsi de trouver votre juste place dans le respect de l'Autre et de vous-même.

Cette pierre me convient si...

- ✓ je ne supporte pas l'injustice et je n'en comprends pas le sens, j'ai soif de justice et d'équilibre ;
- ✓ je ne supporte pas la hiérarchie, je n'aime pas le pouvoir ou j'en abuse ;
- ✓ je me laisse marcher sur les pieds ;
- ✓ j'évite toujours le conflit ou je crée du conflit souvent inconsciemment ;
- ✓ j'ai une vision manichéiste de la vie ;
- ✓ j'interviens toujours dans des situations ou des conflits alors qu'on ne m'a rien demandé ;
- ✓ j'ai du mal à trouver le juste milieu dans mes comportements et mes pensées, j'ai peur de ma violence ;
- ✓ je suis souvent en conflit avec la loi des hommes ;
- ✓ j'évite mes responsabilités, j'ai peur de l'engagement ;
- ✓ je me ronge de l'intérieur.

Conseils d'utilisation

Si une des affirmations de la rubrique précédente a du sens pour vous, nous vous recommandons de travailler durant quelque temps avec une Obsidienne noire. Vous pouvez la tenir en main aussi souvent que possible durant la journée, lorsque vous lisez ou devant un film.

Elle est particulièrement favorable dans les périodes de conflits. Elle vous permet de ne pas garder vos colères à l'intérieur et vous aide à vous libérer de cette charge. Nous vous recommandons de dormir avec. Pour cela, posez-la simplement sur votre ventre, le soir avant de dormir. Puis mettez-la sous votre oreiller et passez la nuit avec. Nous vous conseillons de renouveler cela durant plusieurs jours.

Si vous ne vous mettez jamais en colère, mais que vous êtes néanmoins rebelle à toute forme de hiérarchie, ou si vous ne parvenez pas à manifester votre autorité, une cure de plusieurs semaines est recommandée.

Par ailleurs, si vous êtes dans une forme d'auto-jugement et que vous regardez les choses avec un œil particulièrement critique ou acide, cette pierre vous aide à être plus juste dans le rapport avec vous-même, à prendre du recul pour vous observer vous-même ainsi que les autres, sans filtre mais dans l'énergie de l'Instant, dans toutes ses spécificités.

Enfin, si vous avez besoin de force, que vous êtes fatigué et que vous ne parvenez pas à réveiller votre puissance ou votre pouvoir intérieur, nous vous recommandons l'usage d'une Obsidienne noire sur des périodes de plusieurs semaines jusqu'à ce que vous ayez récupéré votre tonus.

Conseils de nettoyage

L'Obsidienne noire se nettoie par trempage dans l'eau.

ŒIL DE FAUCON

Galet d'Œil de faucon (Brésil)

Origine du nom : d'après son apparence vitreuse. En Égypte, cette pierre était appelée « pierre d'Horus ».

Gisements : Afrique du Sud, Australie, Brésil, États-Unis, Inde, Myanmar.

Couleurs : gris-bleuté, gris-vert.

L'Œil de faucon améliore l'acuité de perception des énergies. Il facilite votre ouverture à de nouvelles façons de penser et vous permet d'être profondément à l'écoute d'autrui sans pour autant vous laisser déstabiliser.

Conseils de nettoyage

L'Œil de faucon se nettoie par trempage dans l'eau.

ŒIL-DE-TIGRE

Boule d'Œil-de-tigre (Afrique du Sud)

Origine du nom : d'après l'œil d'un tigre. En référence aussi à sa couleur brun et jaune.

Gisements : Afrique du Sud, Australie, Brésil, États-Unis, Inde, Madagascar, Myanmar, Russie.

Couleurs : brun, jaune doré.

L'Œil-de-tigre régule votre rapport sur le plan émotionnel en vous aidant à trouver le juste équilibre entre vous laisser « ballotter » par les événements et vous crisper à la moindre contrariété. À son contact, vous mettez la juste distance entre vous et votre environnement : ainsi laissez-vous agir votre sensibilité sans pour autant vous laisser emporter par les choses.

Il apporte une régulation émotionnelle. Il vous permet de devenir spontané et de ne plus vivre l'émotion comme un handicap social, mais comme une force. En libérant les charges émotionnelles du passé et celles du présent, l'Œil-de-tigre vous invite à redécouvrir les multiples aspects de votre sensibilité au quotidien. C'est à travers le vécu d'une libre interaction entre vous et votre environnement que l'Œil-de-tigre vous permet de comprendre la véritable nature et puissance de l'émotion.

Cette pierre vous invite à profiter de la richesse considérable des informations que votre réceptivité à « fleur de peau » vous apporte. Elle vous met en contact avec votre environnement de façon naturelle, sans carapace, car celle-ci ne devient plus nécessaire.

Conseils de nettoyage

L'Œil-de-tigre se nettoie par trempage dans l'eau.

ONYX

Galet d'Onyx noir (Brésil)

Origine du nom : issu du grec *onyx*, qui signifie « ongle, griffe ».

Gisements : Brésil, États-Unis, Inde, Madagascar, Mexique, Uruguay.

Couleur : blanc ou noir, composé de strates noires et blanches.

L'Onyx renforce la résistance et la vigueur. Elle vous donne confiance en l'avenir et vous permet de sentir une forme de stabilité dans votre vie grâce à un profond centrage sur vous.

Conseils de nettoyage

L'Onyx se nettoie par trempage dans l'eau.

OPALE VERTE FOSSILISÉE

Forme libre d'Opale verte fossilisée (Madagascar)

Les indications ci-dessous sont valides pour toutes les variétés d'Opale.

Mots-clés : argent, lâcher-prise, abondance, prospérité, lumière.

Origine du nom : issu du sanskrit *upala*, qui signifie « pierre précieuse », qui a donné en grec *opallion* et en latin *opalus*.

Gisements : principalement Madagascar.

Couleurs : vert, brun.

Pierre de prospérité par excellence, l'Opale favorise et génère la circulation de l'énergie Argent. Elle élimine vos différents barrages posés autour de cette énergie. Elle vous permet de prendre conscience de votre véritable sens en introduisant la perception de votre « vraie » nature. Elle dissout votre peur du manque et de l'inconnu qui paralysent l'élaboration de nouveaux projets. Elle vous apporte un profond lâcher-prise par rapport à l'argent et abolit les rétentions créées par la peur de manquer. Elle vous donne foi en la vie et vous encourage à vous abandonner à ce qu'elle propose au quotidien. Ainsi vous redonne-t-elle confiance en vous et vous apprend-elle à accueillir et à profiter de l'énergie naturelle de l'abondance sur les plans matériel et vibratoire. Lorsqu'il s'agit de vous faire plaisir, vous comprenez alors que toutes les conditions que vous y mettez limitent considérablement la circulation de l'abondance mise à votre disposition.

L'Opale verte fossilisée vous aide ainsi à trouver l'équilibre entre vos besoins sécuritaires et la libre circulation des énergies d'échange. Par elle, vous prenez conscience de votre réelle valeur personnelle et vous vous débarrassez des empreintes de dévalorisation qu'ont pu produire votre parcours de vie et votre histoire familiale. Sur le plan vibratoire, elle représente la symbiose des énergies Lumière et Matière.

Cette pierre me convient si...

- ✓ je préfère faire plaisir aux autres plutôt qu'à moi-même ;
- ✓ je n'aime pas l'argent, pour moi, il est l'antithèse de la spiritualité ;
- ✓ je suis dans le sacrifice ;
- ✓ je ne me fais pas payer ou très peu pour mon travail ;
- ✓ j'ai un rapport ambigu avec l'argent ;
- ✓ je ne me fais pas confiance, je n'ai pas foi en la vie ;
- ✓ je suis matérialiste ou antimatérialiste ;
- ✓ j'aime bien tout prévoir et tout planifier, surtout sur le plan financier, je ne prends jamais de risques ;
- ✓ j'ai du mal à accepter les cadeaux et à recevoir ;
- ✓ je ne me sens pas digne ou méritant de ce que je gagne ou de ce qu'on me donne.

Conseils d'utilisation

Si vous vous sentez concerné par une des affirmations de la rubrique précédente, il est profitable de vous accompagner d'une Opale. Nous vous recommandons de la prendre en main durant vos activités quotidiennes, par exemple lorsque vous lisez, devant un film, en méditation ou lorsque vous parlez avec votre entourage.

L'utilisation de l'Opale est favorable dans les périodes où le stress financier sclérose votre action ou votre vision de solutions possibles à des problèmes d'ordre matériel.

Elle vous aide à ne pas figer les choses en vous et à l'extérieur. Il est conseillé de dormir avec la pierre dans votre lit pendant plusieurs jours ou plusieurs semaines. Pour ce faire, posez-la simplement sur votre ventre avant de dormir. Puis gardez-la sous votre oreiller durant votre sommeil.

Si vous vous sentez habité par de lourdes croyances générationnelles, personnelles ou sociétales envers l'énergie Argent, qu'elles ne vous permettent pas de vivre une certaine fluidité dans votre vie, si vous avez le sentiment d'avoir toujours « galéré » sur le plan financier, l'emploi de cette pierre est particulièrement approprié.

Si vous éprouvez des difficultés à valoriser votre travail et que vous ne savez pas vous « vendre », si vous méconnaissez votre valeur, l'utilisation d'une Opale est vivement conseillée pour cesser de dévaluer vos services et d'être en difficulté financière.

Pour toute personne se sentant dans le contrôle sur le plan matériel, l'emploi d'une Opale est adapté pour apporter souplesse, mobilité et fluidité dans le vécu quotidien.

Conseils de nettoyage

L'Opale verte se nettoie par fumigation.

PIERRE DE LUNE BLANCHE

Galet de Pierre de Lune blanche (Brésil)

Origine du nom : issu du sanskrit *kanta*, qui signifie « aimé », et *chandra*, qui signifie « Lune ». Cela veut donc dire « aimé de la Lune ».

Gisements : Australie, Brésil, États-Unis, Inde, Madagascar, Myanmar, Sri Lanka, Tanzanie.

Couleur : incolore, avec des irisations bleutées.

La Pierre de Lune blanche développe vos perceptions subtiles et vous aide à mieux comprendre les mécanismes d'intuition et de clairvoyance. Cela vous dispense une profonde écoute de vous-même et de votre environnement au sens large, voire cosmique. Cette pierre favorise votre sensibilité, votre créativité et votre douceur. Elle vous accompagne dans vos rêves et facilite les rêves prémonitoires. Elle vous aide dans certaines prises de décision en faisant appel à vos sens plus qu'à votre raison. Pierre yin (énergie du féminin), la Pierre de Lune blanche permet d'équilibrer une énergie masculine parfois écrasante, chez la femme comme chez l'homme.

Conseils de nettoyage

La Pierre de Lune blanche se nettoie par trempage dans l'eau.

PIERRE DE LUNE NOIRE

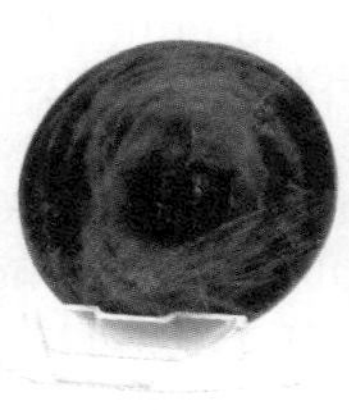

Boule de Pierre de Lune noire (Madagascar)

Mots-clés : intuition, confiance, Lune, perceptions.

Origine du nom : issu du sanskrit *kanta*, qui signifie « aimé », et *chandra*, qui signifie « Lune ». Cela veut donc dire « aimé de la Lune ».

Gisements : principalement Madagascar.

Couleurs : noir, gris, rosé, orangé, reflets argentés.

Générant une connexion profonde avec votre intuition, la Pierre de Lune noire renforce la perception de vos sensations. Elle vous fait conscientiser les courants qui transitent en vous en fluidifiant vos perceptions. Elle renforce le fil conducteur de votre intuition en permettant sa mise en pratique dans chaque décision quotidienne. Elle vous met en relation avec votre inconscient.

La Pierre de Lune noire vous fait explorer de nouvelles sensations, libère vos perceptions pour véhiculer de nouveaux champs d'information dans votre créativité et votre expression. Elle est liée aux cycles de reproduction féminine et masculine et vous permet de réguler tout ce qui a trait à cette énergie.

Cette pierre me convient si...

- ✓ je ne me sens pas intuitif, je ne me fais pas confiance, je ne m'écoute pas ;
- ✓ je capte plein de choses sans arriver à les formuler ;
- ✓ le rapport avec ma mère est difficile ;
- ✓ mes cycles menstruels sont difficiles, j'ai des problèmes de procréation ;
- ✓ je suis hypersensible, lunatique ;
- ✓ je ne me sens pas relié à l'Univers ;
- ✓ je ne parviens pas à me libérer du mental ou à m'intérioriser ;
- ✓ je contrôle mes émotions, je ne suis pas spontané ;
- ✓ je suis cartésien, l'irrationnel me dérange ;
- ✓ je n'arrive pas à faire des choix, je ne vois pas vers où me diriger, j'ai peur de me tromper, je me sens perdu.

Conseils d'utilisation

Si vous vous sentez interpellé par une des affirmations de la rubrique précédente, nous vous recommandons de tenir une Pierre de Lune noire en main le plus souvent possible dans la journée, mais surtout de dormir avec la nuit, sous votre oreiller. Il est probable que vous éprouviez des difficultés à laisser régner votre intuition dans vos décisions quotidiennes.

Nous vous conseillons l'emploi d'une Pierre de Lune noire notamment dans les périodes de transition, lorsque vous hésitez sur la direction à prendre et que vous sentez le mental semer le doute en vous. La Pierre de Lune noire vous ramène dans l'intuition pour vous indiquer le chemin.

Si vous êtes en phase d'introspection, dormir avec une Pierre de Lune noire accélère et clarifie les prises de conscience avec finesse et justesse, vous évitant ainsi de mentaliser.

La Pierre de Lune noire pacifie aussi profondément les conflits avec votre mère ou toute autre représentation de l'énergie féminine.

Si vous êtes dans une phase de profond doute, ou que vous souffrez d'un manque de confiance chronique en vous, elle vous donne l'assise nécessaire pour apaiser vos peurs et prendre en compte sereinement ce que vous ressentez.

Conseils de nettoyage

La Pierre de Lune noire se nettoie par trempage dans l'eau.

PYRITE

Boule de Pyrite (Pérou)

Mots-clés : sensibilité, alchimie, matérialisation, Lois universelles, multidimensionnel, joie, diversité.

Origine du nom : issu du grec *pyros*, qui signifie « feu ».

Gisements : Espagne, Italie, Pérou.

Couleurs : jaune à brun doré, éclat métallique.

La Pyrite vous aide à gérer plusieurs actions de front. Elle vous soulage du stress émotionnel que crée la multiplicité d'informations à traiter au quotidien. Elle détend votre plexus solaire et vous permet de matérialiser ce que vous captez malgré l'aspect parfois insaisissable des idées. Cette pierre nourrit votre soif de découvertes et vous fait comprendre intuitivement les interactions existant entre les lois de l'Univers et celles de la Matière, et la façon dont elles s'articulent entre elles. Ainsi vous permet-elle de ressentir certains mystères de la vie sans pour autant les comprendre mentalement.

La Pyrite relie les multiples éléments qui vous composent et vous permet donc de suivre votre fil conducteur pour concrétiser vos projets. Elle libère les nombreux potentiels présents en vous et réveille votre énergie de joie et d'émerveillement face à toute manifestation de la vie et de l'Univers.

Cette pierre me convient si...

- ✓ je me sens bloqué émotionnellement ; je suis hypersensible de façon handicapante ;
- ✓ je suis curieux de tout, mais je n'arrive pas à trouver mon axe ;
- ✓ je ne réalise pas de choses concrètes ;
- ✓ je ne parviens pas à garder mon cap et à définir mes priorités, je me perds dans les détails ;
- ✓ je me sens perdu dans tous les possibles de la vie, alors je me cantonne à une chose à la fois ;
- ✓ je fais les choses dans la précipitation, et parfois, je ne parviens pas à me suivre moi-même ;
- ✓ j'aimerais passer de l'exploration à la concrétisation ;
- ✓ je vis des changements profonds dans ma structure de vie ;
- ✓ je manque d'adaptabilité et de mobilité ;
- ✓ je n'arrive pas à mener calmement plusieurs projets à la fois.

Conseils d'utilisation

Si vous vous reconnaissez dans une des affirmations de la rubrique précédente, nous vous recommandons de travailler avec une Pyrite, notamment dans les périodes où vous vous sentez sursollicité. Dormez le plus souvent possible avec la pierre, tenez-la en main durant la journée lorsque vous en avez envie, par exemple lorsque vous lisez ou regardez la télévision.

L'utilisation d'une Pyrite est recommandée également dans les phases émotionnelles intenses. Elle vous libère des multiples charges liées à vos mouvements intérieurs. Elle permet de transmuter en vous les choses les plus denses, ce qui allège votre plan émotionnel.

Dans les périodes de création et de conceptualisation, l'utilisation d'une Pyrite vous garantit de ne pas vous laisser enfermer dans des cadres établis ou des références anciennes. Elle constitue un excellent support d'inventivité et d'innovation. Si vous avez tendance à vous reposer sur vos acquis, à vous cramponner à vos repères et à vos habitudes, même lorsqu'ils vous sclérosent et vous frustrent, dormez avec une Pyrite : elle permet une transmutation sur le fond afin de vous ouvrir à des possibles que vous ne percevez pas.

Conseils de nettoyage

La Pyrite se nettoie par fumigation.

QUARTZ (CRISTAL DE ROCHE)

Spécimen de Quartz (Brésil)

Mots-clés : clarification, pureté, tolérance, perfection.

Origine du nom : serait issu du grec ancien *krustallos,* qui signifie « glace », en référence à la croyance qui voulait que le Quartz soit de la glace formée par les dieux. Pourrait venir sinon de la contraction du mot allemand *Gewärz,* qui signifie « excroissance, germe ». Au Moyen Âge, le terme « quartz » s'appliquait à tous les cristaux.

Gisements : monde entier. Les plus beaux viennent des Alpes (France), de l'Arkansas (États-Unis), du Brésil, de Madagascar.

Couleur : transparent, incolore.

Lié à la lumière, le Quartz amplifie le niveau énergétique de tout ce qui entre en contact avec lui. Il clarifie les systèmes énergétiques, éclaire les zones obscures de toutes choses et vous aide à prendre conscience de ce qui ne vous fait pas du bien (relations, lieux, aliments, habitudes, etc.). La transparence qu'il vous apporte vous permet de développer une profonde tolérance et de lâcher l'intransigeance. Il vous invite à accueillir la nature imparfaite des choses et votre propre nature imparfaite. Il agit par simple rayonnement. Il concourt à diffuser la lumière et l'énergie de clarté sans rigidité.

Le Quartz régule le besoin d'absolu qui peut freiner vos initiatives ou altérer votre tolérance envers les autres et vous-même. Grâce à sa fréquence élevée, il vous « tire vers le haut ».

Cette pierre me convient si...

- ✓ je suis perfectionniste ;
- ✓ je suis intransigeant envers moi-même et je mets la pression sur mon entourage ;
- ✓ je me sens chargé et pollué ;
- ✓ chaque fois que j'essaie de transmettre quelque chose, je suis agressif et je veux convaincre les autres ;
- ✓ je ne me sens jamais à la hauteur, ni assez performant ;
- ✓ je suis impatient, donc je ressens de la frustration en permanence ;
- ✓ je ne me sens ni rayonnant ni lumineux ;
- ✓ je ne suis pas totalement honnête avec moi-même ou avec les autres ;
- ✓ je souhaite une vie qui rime avec amplitude et universalité ;
- ✓ j'ai une vision très cadrée de la vie : chaque chose doit avoir sa place.

Conseils d'utilisation

Si vous vous sentez concerné par une des affirmations de la rubrique précédente, le Quartz vous sera profitable. Utilisez-le le plus souvent possible en le prenant en main dans la journée. Nous le recommandons particulièrement lorsque vous éprouvez le sentiment d'être embrouillé, de régresser dans votre évolution ou que vous vous sentez rattrapé par de vieux « démons ». Sur le plan vibratoire, son utilisation permet à votre corps de se dégager des charges polluantes qui vous encombrent et de garder le cap. Posez-le simplement sur votre ventre avant de dormir. Puis, gardez-le sous votre oreiller durant votre sommeil.

Si vous vous sentez intolérant, sous pression permanente, trop perfectionniste et que vous commencez à rigidifier les choses, faites une cure de Quartz durant plusieurs semaines, la nuit. Il vous permet de retrouver mobilité, souplesse et tolérance.

Si vous vous sentez parasité par une personne ou un milieu ambiant, munissez-vous d'un Quartz. Sur le plan énergétique, il vous évite de « plonger » dans des basses fréquences en élevant votre niveau vibratoire. Cette pierre est idéale pour accompagner un travail de conscience et d'évolution.

Méditer ou dormir avec un Quartz assouvit votre soif d'absolu. À tous ceux qui se sentent « appelés par la lumière », le Quartz apporte sérénité et tranquillité.

Conseils de nettoyage

Le Quartz se nettoie par trempage dans l'eau.

QUARTZ FUMÉ NATUREL

Boule de Quartz fumé (Madagascar)

Les informations ci-dessous sont valides uniquement dans le cadre de Quartz fumés naturels qui n'ont pas subi un traitement par irradiation. Les Quarts irradiés sont noirs. Ils n'ont aucune transparence.

Mots-clés : Lumière, Matière, synthèse, matérialisation.

Origine du nom : le terme « quartz » serait issu du grec ancien *krustallos*, qui signifie « glace », en référence à la croyance qui voulait que le Quartz soit de la glace formée par les dieux. Pourrait venir sinon de la contraction du mot allemand *Gewärz*, qui signifie « excroissance, germe ». Au Moyen Âge, le terme « quartz » s'appliquait à tous les cristaux. Le terme « fumé » décrit sa teinte par irradiation naturelle.

Gisements : monde entier. Les plus beaux viennent des Alpes (France), de l'Arkansas (États-Unis), du Brésil, de Madagascar.

Couleur : transparent, avec un voile noir plus ou moins foncé.

Le Quartz fumé naturel porte la même énergie que le Quartz tout en permettant de pénétrer plus profondément dans la matière. Il nourrit la reliance entre Lumière et Matière. Il vous permet de dissoudre vos croyances liées à la séparation entre les plans matériel et spirituel. Par résonance, il vous aide à intégrer ces deux plans simultanément dans votre corps. Il élimine les automatismes de séparativité, de jugement ou de focalisation. Les besoins d'idéaux et de perfectionnisme se révèlent alors obsolètes. Il vous pousse au lâcher-prise par la manifestation d'une profonde tolérance.

Ainsi met-il en lumière puis désamorce-t-il conflits, rapports de force et manipulations. Il vous permet de les identifier et de désamorcer vos automatismes d'opposition inconscients. Il vous aide ainsi à unir et fusionner vos forces avec celles de votre environnement et éveille en vous une puissante capacité de matérialisation.

Cette pierre me convient si...

✓ je sépare matière et lumière ;

✓ je catalogue les énergies ;

✓ je suis parasité par des énergies néfastes ;

✓ je suis dans la manipulation, dans le jugement, et je ne reconnais pas ma part d'ombre ;

✓ je vis un contexte confus et mes relations ne sont pas claires ;

✓ je ne me sens pas capable de démanteler des systèmes déviants ;

✓ je n'arrive pas à faire cohabiter en moi mes oppositions internes, je n'aime pas les demi-teintes : c'est noir ou c'est blanc ;

✓ je ne parviens pas à matérialiser les choses ;

✓ je dissimule ou déforme ce que je pense ou vis de l'intérieur ;

✓ je ne parviens pas à visualiser le sens de mon existence.

Conseils d'utilisation

Si l'une des affirmations de la rubrique précédente vous interpelle, nous vous recommandons de travailler avec un Quartz fumé naturel, notamment durant les périodes où vous éprouvez le sentiment de ne plus voir clair ou d'être parasité par des énergies qui vous empêchent de faire place nette dans votre esprit. Il vous suffit de le poser sur votre ventre avant de dormir puis de le mettre sous votre oreiller pendant la nuit.

Si vous êtes en phase d'introspection profonde ou de mouvements internes intenses, le Quartz fumé naturel vous permet de mieux faire la part des choses et d'arbitrer au niveau des directions à prendre. Il est particulièrement recommandé lorsque vous êtes confronté à des situations troubles, voire obscures, qui requièrent votre capacité de manipulation pour vous en sortir, ou pour éclairer une situation complexe.

Si vous vous sentez trop perfectionniste, exigeant, voire intransigeant, l'utilisation du Quartz fumé naturel vous permet de prendre du recul, de relativiser et de lâcher prise pour laisser les choses se placer naturellement.

Enfin, si vous souhaitez unir les dualités qui vous habitent, le Quartz fumé naturel vous aide à opérer une pacification de fond.

Conseils de nettoyage

Le Quartz fumé naturel se nettoie par trempage dans l'eau.

QUARTZ ROSE ÉTOILÉ

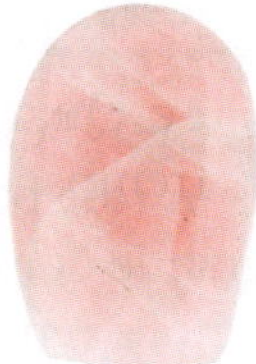

Forme libre de Quartz rose étoilé (Madagascar)

Mots-clés : amour inconditionnel, tendresse, compassion, cohésion.

Origine du nom : le terme « quartz » serait issu du grec ancien *krustallos*, qui signifie « glace », en référence à la croyance qui voulait que le quartz soit de la glace formée par les dieux. Pourrait venir sinon de la contraction du mot allemand *Gewärz*, qui signifie « excroissance, germe ». Au Moyen Âge, le terme « quartz » s'appliquait à tous les cristaux. Le terme « rose » renvoie à sa couleur.

Gisements : Brésil, Madagascar, ainsi que de nombreux pays du monde.

Couleurs : nuances de roses, tirant parfois sur le mauve.

Le Quartz rose est dit « étoilé » lorsque la lumière crée des scintillements dans la pierre ou qu'elle est d'une grande transparence ou d'une couleur rose bonbon. C'est le signe d'une pierre de grande qualité. Pierre d'harmonie, le Quartz rose étoilé renforce le lien qui existe entre toutes choses. Pierre d'amour par excellence, elle vous apporte douceur, tendresse et compassion, et vous aide à guérir des deuils et des blessures affectives, conscientes ou inconscientes. En vous accompagnant vers un profond amour de vous-même et de votre environnement, dans une attitude dénuée de toute projection, elle vous enseigne l'infinie puissance de l'amour inconditionnel et vous introduit à une vision globale des choses : l'amour, langage commun à tout ce qui existe.

Le Quartz rose étoilé vous apporte la cohérence intérieure, ce qui vous permet de contacter l'amour qui a tant de mal à se frayer un chemin dans les contraintes de la vie quotidienne. Il vous aide à retrouver l'espace intérieur après une rupture affective. Il vous octroie la force de la compassion. Il vous aide avec puissance et une grande bienveillance à sortir des moments les plus difficiles sur les plans affectif et émotionnel.

Cette pierre me convient si...

- ✓ je ne m'aime pas et je consacre plus d'attention aux autres qu'à moi ;
- ✓ je pense que l'amour n'est pas pour moi ;
- ✓ j'ai du mal à m'ouvrir à l'Autre, suite à des chocs affectifs importants ;
- ✓ j'ai une vision idéaliste de l'amour ;
- ✓ j'ai souvent la sensation qu'on me rejette ;
- ✓ j'ai peur de l'abandon et, du coup, j'ai souvent l'impression d'être abandonné ;
- ✓ j'ai du mal à être affectueux et tendre envers mes proches, je n'arrive pas à exprimer mon amour pour l'Autre ;
- ✓ j'ai peur de souffrir et ça me paralyse dans les rencontres amoureuses ou amicales ;
- ✓ je suis jaloux et possessif, dans la manipulation affective ;
- ✓ je suis en deuil.

Conseils d'utilisation

Si l'une des affirmations de la rubrique précédente vous interpelle, nous vous recommandons de vous accompagner d'un Quartz rose étoilé le plus souvent possible : par exemple lorsque vous lisez, devant un film, en méditation ou lorsque vous parlez avec vos proches.

Nous vous recommandons de dormir avec un Quartz rose étoilé lors de périodes affectivement difficiles (deuil, rupture, dispute, rejet, abandon), ou lorsque vous ressentez de la solitude, du stress ou des angoisses inexplicables de façon chronique. Il suffit de poser la pierre sur votre ventre avant de dormir. Puis mettez-la sous votre oreiller lorsque vous vous endormez.

Le Quartz rose étoilé est particulièrement recommandé pour les bébés et les enfants. La tendresse émanant de cette pierre les rassure. Chaque nuit, cette pierre réparera les microblessures vécues durant la journée pour qu'ils ne gardent pas de cicatrices plus ou moins inconscientes liées à des mécanismes de peur ou d'abandon.

Une belle boule de Quartz rose étoilé de 20 kilos instaure une atmosphère douce et conviviale dans votre maison. Cette pierre est universelle et convient parfaitement à toute la famille.

Conseils de nettoyage

Le Quartz rose étoilé se nettoie par trempage dans l'eau.

RHODONITE

Œuf de Rhodonite (Madagascar)

Mots-clés : amour, guérison, présence, affection, compassion.

Origine du nom : issu du grec *rhodon*, qui signifie « rose ».

Gisements : Afrique du Sud, Australie, Canada, États-Unis, Inde, Madagascar, Mexique, Russie, Suède.

Couleurs : rose et noir.

Pierre de cœur, la Rhodonite guérit les blessures de l'affect et vous invite à accueillir tout ce qui vient à vous avec amour et compassion, aussi difficile que cela puisse être. Cette pierre vous apporte une profonde réconciliation avec votre passé et vous permet ainsi de lâcher vos anciennes attaches et de réparer vos blessures affectives. Elle vous amène à vivre l'énergie du présent et à être dans le cœur, Ici et Maintenant, sans le comparer avec le passé.

La Rhodonite vous encourage à accepter vos besoins de reconnaissance, d'affection et de contact avec l'Autre sans vous juger et sans culpabilité. Elle vous permet de vous exprimer clairement afin d'éviter d'être dans l'attente permanente, et de ne pas développer une forme de manipulation affective pour provoquer la prise en compte de vos sentiments.

La Rhodonite vous pousse à la rencontre de l'Autre, à un vécu sans tabou de votre affection, de votre tendresse et de vos ouvertures de cœur. Elle vous amène ainsi à vivre sans arrière-pensée, en toute simplicité. Elle génère une profonde réconciliation avec l'amour, mais surtout avec vous-même. La Rhodonite vous aide à vous aimer sincèrement, ce qui, par résonance, permet à l'Autre de vous aimer totalement.

Cette pierre me convient si...

- ✓ j'ai l'impression de vivre dans l'épreuve permanente ;
- ✓ je n'arrive pas à accepter et à lâcher mon passé, il me hante mentalement ;
- ✓ je suis dans la colère vis-à-vis de ceux qui m'ont fait souffrir ;
- ✓ je suis dans la manipulation affective ;
- ✓ je ne me sens pas digne d'être aimé, je me sens nul ;
- ✓ je ne parviens plus à m'ouvrir à l'amour car j'ai peur de souffrir, donc je me limite affectivement, je n'ose pas exprimer mon besoin de tendresse ;
- ✓ je compare systématiquement le présent au passé ;
- ✓ je suis toujours dans l'attente de preuves d'amour ;
- ✓ je suis sensible mais je ne le montre pas ;
- ✓ je m'oublie au profit des autres.

Conseils d'utilisation

Si vous vous sentez interpellé par une des affirmations de la rubrique précédente, le travail avec une Rhodonite vous sera favorable. Nous vous recommandons de vous accompagner d'une Rhodonite le plus souvent possible dans la journée. Par exemple, vous pouvez l'avoir en main lorsque vous lisez, devant un film, en méditation ou dans toute autre activité de votre vie quotidienne.

Nous vous conseillons de dormir avec une Rhodonite lors des périodes affectivement difficiles ou troubles. Elle vous aide à clarifier la situation et à vous préserver grâce à son énergie de tendresse, à prendre soin de vous avant toutes choses. Le soir en vous couchant, posez-la simplement sur votre ventre avant de dormir. Puis mettez-la sous votre oreiller pour la nuit.

Si vous souhaitez vous alléger des charges affectives du passé, la Rhodonite s'avère idéale pour accompagner un profond mouvement de nettoyage. Elle vous aide à entrer dans une énergie de compassion qui apaise les anciennes rancœurs, les culpabilités résiduelles et les chocs non intégrés, consciemment ou non. Elle est particulièrement conseillée si vous souhaitez débarrasser votre vision de l'amour des multiples croyances construites pendant un parcours de vie émaillé de peines de cœur.

Enfin, si vous ne vous aimez pas, si vous vous sentez nul et que vous ressentez cette malheureuse impression que vous n'êtes bon à rien, dormir avec une Rhodonite vous fait ressentir une énergie d'amour inconditionnel qui vous aide à vous considérer comme un être « parfait » dans ses imperfections. Elle apaise l'autodévalorisation chronique.

Conseils de nettoyage

La Rhodonite se nettoie par trempage dans l'eau.

RUBIS

Rubis brut
(Myanmar)

Origine du nom : issu du latin *rubeus*, qui signifie « rouge ».

Gisements : Myanmar, Sri Lanka, Tanzanie, Thaïlande, Viêt-Nam.

Couleurs : rouge pâle, rouge « sang de pigeon », nuances violettes et magenta.

Pierre précieuse de couleur flamboyante, le Rubis réveille les passions du cœur et du corps. Il stimule la créativité, la volonté et le courage. Cela renforce votre sensation de puissance intérieure.

Conseils de nettoyage

Le Rubis se nettoie par trempage dans l'eau.

SAPHIR

Saphir sur gangue
(Sri Lanka)

Origine du nom : issu du latin *sapphirus* et dérivé du grec *sappheiros*, qui signifie « bleu ».

Gisements : Australie, Myanmar, Sri Lanka, Thaïlande.

Couleurs : bleu pâle, bleu nuit, avec parfois des nuances violacées, jaunes, orange ou incolores, et plus rarement noires, violettes, vertes et roses.

Le Saphir favorise l'élévation spirituelle. Il vous connecte aux sphères célestes et active ainsi l'inspiration et les perceptions extrasensorielles. Il vous permet de vous mettre en résonance avec les lois universelles, le cosmos, et accompagne donc tout état méditatif. Les traditions associent le Saphir à la pureté, à la justice, à la vérité et à la fidélité. C'est la pierre de la connaissance intuitive et de l'intelligence innée, par opposition à l'intelligence rationnelle et l'esprit analytique.

Conseils de nettoyage

Le Saphir se nettoie par trempage dans l'eau.

SEL D'HIMALAYA

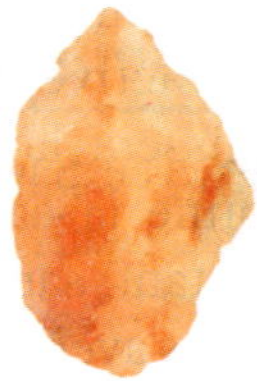

Sel d'Himalaya brut (Pakistan)

Origine du nom : d'après la région d'où il provient.
Gisements : Afghanistan, Pakistan.
Couleur : rose-orangé.

Issu de l'évaporation de l'eau de mer qui recouvrait l'Himalaya, le Sel d'Himalaya est porteur de l'énergie de l'eau et du soleil, et riche de 79 sels minéraux et oligo-éléments (il y en a 26 dans un sel marin courant). Il constitue par conséquent un excellent transmetteur de l'énergie solaire. Il éloigne ainsi les énergies polluantes de toute nature.

Sur le plan énergétique, le Sel d'Himalaya vous incite à ne pas essayer de définir ou de comprendre les mécanismes régissant la Vie. Il vous fait ainsi développer une perception intuitive des éléments qui vous environnent ainsi que capter la multiplicité et la cohérence de leurs interactions. En permettant cette reconnexion instinctive avec les structures subtiles qui régissent la Matière, le Sel d'Himalaya vous donne la capacité de saisir les choses dans l'instant, sans forcément pouvoir les formuler. Cela s'avère extrêmement stimulant et amène, au quotidien, un véritable élan de découvertes vous poussant à vivre de multiples expériences nouvelles. Le Sel d'Himalaya enseigne la notion de globalité et d'universalité. Il est intimement relié à l'énergie d'amour inconditionnel car l'empathie qu'il vous aide à renforcer vous fait sentir « un » avec le Tout.

Conseils de nettoyage

Le Sel d'Himalaya et toutes les autres variétés de sel ne se nettoient pas.

SÉLÉNITE

Boule de Sélénite (Maroc)

Origine du nom : issu du grec *selenitis*, qui signifie « pierre de Lune », car on peut y voir l'éclat de la Lune.

Gisements : Brésil, Canada, Chine, Maroc.

Couleurs : blanc, orangé.

La Sélénite est une variété de Gypse se plaçant dans le prolongement énergétique de la Pierre de Lune. Elle vous montre les aspects les plus subtils de votre intuition et vous fait percevoir les aspects inconscients de votre personnalité. Sa dimension intuitive vous permet de prévenir les pertes de contact avec vous-même. Elle vous permet de prendre conscience de vos propres schémas de fonctionnement et de vos stratégies inconscientes. C'est un excellent support d'introspection. La Sélénite émet une fréquence très intime. Elle véhicule une puissante énergie de purification, et permet un travail profond sur la mise en conscience des liens avec le passé et les croyances qui y sont liées. De cette manière, elle dissout les empreintes mémorielles les plus fines.

Elle est particulièrement recommandée aux femmes enceintes pour les aider lorsqu'elles accompagnent leur enfant dans leur processus d'insertion de la conscience. Elle facilite ainsi la mise en conscience de la vie nouvelle et permet de comprendre les cycles de la vie.

Conseils de nettoyage

La Sélénite se nettoie par fumigation.

SEPTARIA

Forme libre de Septaria (Madagascar)

Mots-clés : émotion, sensibilité, spontanéité, puissance, richesse.

Origine du nom : issu du latin *septarius*, qui signifie « cloisonné ».

Gisements : Madagascar, Maroc.

Couleurs : brun, noir, jaune.

Le Septaria dissout les carapaces forgées au fil des chocs émotionnels que vous avez vécus dans votre histoire de vie. Il efface la mémoire de ces chocs et remet en circulation votre sensibilité naturelle. Il vous réconcilie avec les larmes, les joies, les colères et vous aide à exprimer vos émotions sans retenue afin de ne plus accumuler de « charges ».

Le Septaria vous réconcilie intimement avec la beauté et la puissance de vos émotions. C'est dans le vécu de la libre interaction entre vos émotions et votre environnement que cette pierre vous fait sentir et comprendre leur véritable nature : un mode de communication avec l'environnement dont vous ne pouvez faire l'économie. Elle vous permet de ne plus considérer votre sensibilité comme un handicap mais comme une précieuse alliée et une forme d'intelligence, qui vous apporte une grande richesse d'information et de partage.

Cette pierre me convient si...

- ✓ je suis hypersensible, je suis comme une « éponge » ;
- ✓ je me sens emprisonné dans une multitude de carapaces, j'ai un passé très lourd ;
- ✓ je suis instable sur le plan émotionnel ;
- ✓ je suis crispé, dans le contrôle ;
- ✓ je n'arrive pas à pleurer ou je pleure tout le temps ;
- ✓ je ne dévoile jamais mes émotions devant les autres et j'en ai honte ;
- ✓ je ne parviens pas à entrer en introspection ;
- ✓ je fais le dur alors qu'au fond, je suis un tendre ;
- ✓ je suis dans la souffrance ;
- ✓ je me sens coincé et bousculé par toutes choses.

Conseils d'utilisation

Si vous vous reconnaissez dans une des affirmations de la rubrique précédente, un Septaria vous fera le plus grand bien. Nous vous recommandons de le prendre en main aussi souvent que possible dans vos activités quotidiennes, et notamment lorsque vous sentez des émotions monter en vous.

Dans les périodes où vous êtes émotionnellement bousculé, ou si vous souhaitez « nettoyer » les empreintes des chocs émotionnels de votre passé, nous vous conseillons de dormir avec durant plusieurs jours à plusieurs semaines. Les barrages à la bonne circulation de vos émotions se dissoudront à son contact. Il suffit de placer la pierre sous votre oreiller pendant la nuit.

Lorsque vous êtes en phase d'introspection ou de mouvements intenses sur le plan interne, dormir avec un Septaria vous aide à localiser les croyances ou mémoires émotionnelles qui perturbent vos prises de conscience.

Si vous avez eu un passé difficile ou une enfance douloureuse, un travail suivi avec un Septaria déblaie votre terrain émotionnel afin de vous permettre de vivre vos émotions sans qu'elles soient entachées par votre histoire antérieure.

Le Septaria est idéal pour développer votre sensibilité dans toutes ses dimensions, afin de percevoir plus largement votre environnement à d'autres niveaux. Il vous libère des carcans réducteurs et des carapaces qui vous empêchent d'explorer la vie avec toute votre sensibilité.

Conseils de nettoyage

Le Septaria se nettoie par trempage dans l'eau.

SODALITE

Galet de Sodalite (Brésil)

Origine du nom : le préfixe « soda- » vient de « sodium », le métal. « Lite » est issu du grec *lithos*, qui signifie « pierre ». Cela veut donc dire « la pierre de sodium ».

Gisements : Afghanistan, Bolivie, Brésil, Canada, États-Unis, France, Groenland, Inde, Italie, Namibie, Pakistan, Sud-ouest africain.

Couleurs : bleu azur, blanc et noir.

La Sodalite apporte l'énergie de réconciliation avec celle du père. Sa douceur vous met en contact avec l'énergie de bienveillance de l'autorité. Ainsi vous pacifie-t-elle au moyen de cette énergie trop souvent mal comprise ou rejetée. Cette pierre vous pousse à comprendre le sens profond de ce qu'apporte la hiérarchie en général. Elle accompagne les gens qui sont dans l'exercice de l'autorité au quotidien, comme ceux qui rencontrent des difficultés avec elle.

Pierre de fraternité, la Sodalite amplifie votre capacité à fédérer autour de vous les personnes en résonance avec votre vision ou votre projet. Elle active votre autorité naturelle en vous évitant l'écueil de la prise de pouvoir ou de la soumission. La Sodalite vous enseigne que pour développer votre capacité de transmission, mieux vaut se faire respecter plutôt que de se faire « aimer ».

Cette pierre vous aide à reconnaître votre profonde nature humaine ainsi que votre autorité naturelle. Elle vous permet ainsi de devenir un véritable pilier pour les autres. Ainsi, sans que cela vous pèse, vous remplissez pleinement votre rôle de « point de repère » !

Conseils de nettoyage

La Sodalite se nettoie par trempage dans l'eau.

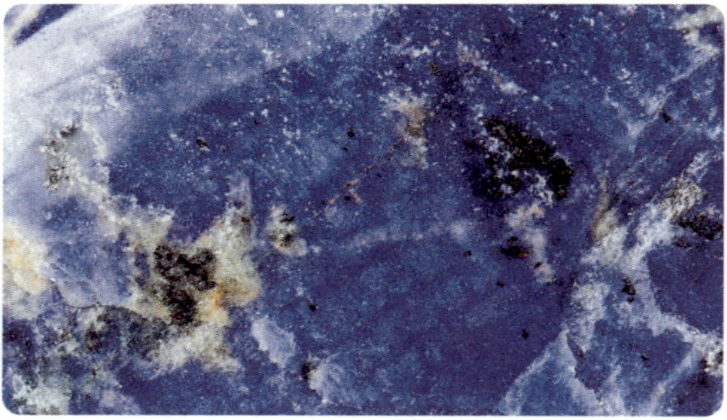

SOUFRE NATIF

Soufre natif brut (Italie)

ATTENTION : ces indications sont valides exclusivement pour le Soufre natif issu directement d'un volcan. Le soufre industriel, sous-produit de l'industrie pétrochimique, est toxique.

Mots-clés : lien, circulation, dépollution.

Origine du nom : issu du sanskrit *sulvere*, qui a donné *sulphur* en latin.

Gisements : zones volcaniques du monde entier.

Couleur : jaune vif.

Omniprésent dans le corps, le Soufre est intimement lié à la structure organique et vibratoire du corps humain. Il régule les pollutions provoquées par les métaux lourds. Il renforce les liens subtils entre toutes vos énergies, créant cohésion et harmonie entre votre corps organique et votre conscience.

Le Soufre natif élimine vos conditionnements mentaux. Il vous éveille spontanément à de nouveaux univers et à de nouveaux centres d'intérêt. Cet état vous permet de capter de multiples informations au quotidien qui affinent vos perceptions au-delà de l'analyse mentale. Cette pierre décloisonne votre façon de penser, de vivre et de créer, et vous apporte une profonde spontanéité émotionnelle qui vous pousse à la découverte et à l'innovation. Elle démultiplie votre sensibilité souvent contrariée par les automatismes de contrôle générés par votre ego. Elle vous fait capter, sans pour autant forcément les comprendre, les mystères clés qui animent votre vie.

Cette pierre me convient si...

- ✓ je suis hypersensible ;
- ✓ je n'arrive pas à être spontané ;
- ✓ ma joie de vivre est partie ou voilée ;
- ✓ j'ai du mal à créer du lien avec les gens ;
- ✓ je suis dans le contrôle, mon ego et mon mental sont prépondérants ;
- ✓ la curiosité est tout le temps là, mais pas l'action ;
- ✓ je suis rigide, je manque d'adaptabilité et de mobilité ;
- ✓ je suis un touche-à-tout qui n'aboutit à rien de concret ;
- ✓ je n'arrive pas à formuler ce que je ressens ou pense ;
- ✓ je suis impatient.

Conseils d'utilisation

Si vous vous sentez concerné par une des affirmations de la rubrique précédente, le Soufre natif vous apportera des réponses. Nous vous en recommandons l'utilisation dans les périodes où vous éprouvez le sentiment d'être éparpillé, dispersé et un peu perdu. Dormez avec la pierre sous votre oreiller.

Lorsque vous explorez un sujet ou étudiez un projet, dormir avec un Soufre natif vous permet d'évacuer les filtres mentaux et égotiques qui brouillent votre sensibilité et vos perceptions. Cette pierre vous aide à avoir des idées claires, cohérentes et novatrices. Elle est particulièrement recommandée si vous ressentez posséder un terrain biologique pollué et/ou parasité physiquement ou énergétiquement. Il vous aide à vous renforcer.

Si vous vous sentez en butte à des mécanismes de contrôle sclérosants qui vous font compartimenter les choses, le Soufre natif vous aide à lâcher vos cadres préétablis et active une mutation intérieure, une remise en mouvement pour acquérir plus de mobilité, de spontanéité et de joie.

Si vous souhaitez mieux intégrer au quotidien vos capacités « d'alchimiste », de pensée et de matérialisation multidimensionnelle, le Soufre natif s'avère un parfait compagnon.

Conseils de nettoyage

Le Soufre natif se nettoie par fumigation.

TOPAZE

Cristal de Topaze brute (Pakistan)

Les indications de cette fiche concernent les Topazes de toutes couleurs (blanche, bleue, rose, dorée, or, etc.). La Topaze étant une pierre précieuse, il n'est pas nécessaire d'avoir un minéral aussi lourd qu'une pierre commune pour obtenir de bons résultats.

Mots-clés : codes identitaires, collectif, maîtrise.

Origine du nom : incertaine. Pourrait provenir du sanskrit *tupas*, qui signifie « feu », ou du grec *topazos*, du nom d'une île située en mer Rouge.

Gisements : Australie, Brésil, États-Unis, Japon, Madagascar, Mexique, Myanmar, Nigeria, Pakistan, Rhodésie (Zimbabwe), Russie, Sri Lanka.

Couleur : incolore, couleurs pouvant aller du jaune au brun-orangé. Autres couleurs possibles : jaune saumoné, bleu clair, bleu foncé, rose pâle, rose vif, très rarement vert pâle.

Pierre précieuse, la Topaze établit une connexion privilégiée avec vos codes identitaires. Elle développe la connexion avec vous-même et vous fait sentir l'énergie de votre identité. Elle vous permet d'apaiser vos questionnements existentiels, d'être connecté à vous-même et de prendre conscience du rôle que vous avez à jouer vers le collectif.

Apaisant les conflits de pouvoir et la rébellion, la Topaze vous pousse à agir sans autolimitation pour participer à l'évolution générale de l'Humanité. Elle vous incite à matérialiser vos idées et vous montre à quel point votre ego, en vous déconnectant de vos codes identitaires, vous dévalorise, limite votre action pour garder le contrôle.

En vous libérant de ce déséquilibre, la Topaze nourrit votre potentiel de transmission et vous aide à mettre en œuvre ce pour quoi vous êtes sur cette planète. Cette pierre vous invite à un engagement de fond et à avoir foi en vous-même et en la vie. Elle vous encourage à œuvrer pour le bien de tous sans pour autant vous oublier vous-même.

Cette pierre me convient si...

- ✓ j'ai tendance à la dépression et je n'arrive pas à me connecter à moi-même ;
- ✓ je me pose mille et une questions sur le sens de la vie ;
- ✓ j'aspire à aider les autres, mais je ne sais pas comment faire ;
- ✓ je ne me sens pas légitime sur cette Terre ;
- ✓ je suis misanthrope, déçu par la nature humaine ;
- ✓ j'aimerais transmettre, mais je ne parviens pas à passer de l'idée à l'action ;
- ✓ je suis révolté, révolutionnaire dans l'âme, rebelle et têtu ;
- ✓ j'ai envie de participer à la marche du monde ;
- ✓ je fuis les responsabilités et l'engagement ;
- ✓ je ne me respecte pas, je ne me considère pas, je n'ai pas confiance en moi et je n'ai pas foi en la vie.

Conseils d'utilisation

Si vous vous reconnaissez dans une des affirmations de la rubrique précédente, le travail avec une Topaze vous sera profitable. Nous vous recommandons de l'utiliser la nuit durant votre sommeil, notamment lors des périodes où vous vous sentez perdu, en rupture identitaire. Cette pierre accompagne en douceur les crises existentielles et vous aide à remonter la pente en vous reconnectant à vos fondamentaux. Il suffit de la mettre sous votre oreiller pendant plusieurs jours et vous constaterez qu'un apaisement s'installera rapidement.

Si vous êtes en phase de maturation d'une nouvelle orientation de vie, l'emploi de la Topaze vous aide à sentir de quelle façon vous pouvez réellement manifester ce que vous êtes à travers tel projet. Elle est aussi particulièrement recommandée lors de périodes conflictuelles avec l'autorité, l'ordre établi, ou lors de toute autre confrontation à une structure extérieure à la vôtre.

Lors des grandes périodes de remise en question, de doute, de manque de confiance en vous, de tristesse et/ou de dévalorisation, la Topaze vous aide à renouer avec la grandeur de votre identité pour vous remettre le pied à l'étrier, sereinement et efficacement.

Par ailleurs, si vous souhaitez entrer pleinement dans un rôle de transmission ou d'enseignement, la Topaze vous aide à ne pas limiter l'envergure de vos projets. Elle soutient chacun de vos pas dans la diffusion de grandes idées pour le bien de tous.

Conseils de nettoyage

La Topaze se nettoie par trempage dans l'eau. ATTENTION, PAS DE CHANGEMENT BRUTAL DE TEMPÉRATURE. Tremper dans de l'eau très fraîche une pierre qui a chauffé dans votre main parce qu'elle a beaucoup échangé provoque des risques importants de casse.

Dans un premier temps, passez-la sous un filet d'eau courante. Lorsqu'elle s'est refroidie, posez-la dans le récipient rempli d'eau de façon qu'elle soit complètement immergée.

TOURMALINE NOIRE

Tourmaline noire brute (Madagascar)

Mots-clés : force vitale, ouverture, monde, équilibre.

Origine du nom : le terme « tourmaline » est issu du cinghalais *turamali*, qui signifie « pierre de couleurs différentes ».

Gisements : Afghanistan, Angola, Australie, Brésil, États-Unis, Inde, Madagascar, Mozambique, Myanmar, Rhodésie (Zimbabwe), Russie, Sri Lanka, Tanzanie, Thaïlande.

Couleur : noir.

La Tourmaline noire met à la Terre et neutralise les pollutions électromagnétiques. Elle vous apporte la connexion avec le monde et incite les contacts relationnels. Elle vous apporte adaptabilité et force vitale, ce qui dissout les automatismes d'enfermement sur vous-même.

Elle vous permet ainsi de profiter de ce que votre environnement vous propose sans peur de voir votre propre espace envahi. La Tourmaline noire vous invite à accueillir toute nouvelle énergie dans votre espace avec curiosité et ouverture ainsi qu'à générer une puissante énergie de matérialisation et d'équilibre au sein du monde.

Cette pierre me convient si...

- ✓ je suis solitaire ;
- ✓ je suis tout le temps fatigué, voire épuisé ;
- ✓ j'ai tendance à éviter les lieux publics, je suis renfermé sur moi-même ;
- ✓ je supporte mal les ondes électromagnétiques ;
- ✓ je suis susceptible, claustrophobe, hypersensible et irritable ;
- ✓ je ne me ressource que lorsque je suis seul ;
- ✓ j'ai le mal des transports et je n'arrive pas à voyager sereinement ;
- ✓ je capte beaucoup d'informations, mais je ne sais pas quoi en faire ;
- ✓ je ne pense pas être capable de transmettre des choses ;
- ✓ le contact avec autrui n'est pas fluide, cela me perturbe au quotidien.

Conseils d'utilisation

Si vous vous reconnaissez dans une des affirmations de la rubrique précédente, il vous serait profitable de travailler avec une Tourmaline noire. Elle est particulièrement appropriée notamment lorsque vous vous sentez coupé du monde, dans votre tour d'ivoire, sans parvenir à trouver une porte de sortie, ou même en avoir envie. L'enfermement et la solitude que cela génère sont désamorcés au contact de la pierre, qui crée une ouverture vers l'extérieur. Il vous suffit de dormir avec par séquences de plusieurs nuits d'affilée.

Lorsque vous êtes en phase de matérialisation d'idées ou de projets, la Tourmaline noire favorise les rencontres et les prises de contacts pour élargir votre réseau relationnel et vos potentiels de développement présents et futurs.

Elle est aussi particulièrement recommandée lors de périodes de fatigue et d'irritabilité. Elle vous aide à renouer avec les énergies de vie de la planète et le lien d'amour avec les autres.

Si vous êtes souvent en mouvement, en voyage ou en plein déménagement, dormir avec une Tourmaline noire vous aide à préserver vos « racines », où que vous soyez. Elle vous apporte la sensation d'être partout chez vous.

Enfin, si vous êtes hyper sollicité tout au long de la journée, la Tourmaline noire vous aide à accueillir et à traiter sans stress les multiples informations qui viennent à vous.

Conseils de nettoyage

La Tourmaline noire se nettoie par trempage dans l'eau si elle fait moins de 700 grammes. Si elle fait un poids supérieur, il n'est pas nécessaire de la nettoyer : elle s'autorégénère grâce à ses propriétés piézoélectriques.

TURQUOISE

Galet de Turquoise (Chine)

Origine du nom : issu de l'ancien français « turquoise » (turc).

Gisements : Afghanistan, Australie, Chine, États-Unis, France, Iran, Israël, Mexique, Tanzanie.

Couleurs : bleu, bleu azur.

Attention aux fausses Turquoises, même les experts s'y trompent. Pierre difficile à trouver sous forme naturelle, la Turquoise reste une fabuleuse pierre qui calme l'hyperactivité mentale. Elle adoucit le rapport à la communication, dans le sens de l'expression comme de l'écoute. Ainsi, elle vous permet de vous connecter à de nouvelles dimensions de l'autre comme de vous-même, et vous ouvre à la multidimensionnalité de l'être et de la réalité.

Conseils de nettoyage

La Turquoise se nettoie par trempage dans l'eau.

CONCLUSION

Le savoir sur les pierres reste, encore aujourd'hui, un héritage en évolution permanente. Il découle d'une collecte d'informations empiriques qui s'étoffent et s'affinent chaque jour. La connaissance sur les pierres en lien avec le bien-être est vivante, basée sur l'expérimentation. Cet ouvrage marque donc une étape parmi d'autres à venir. La recherche est sans fins et les mots insuffisants.

C'est pourquoi aucun livre ne remplacera jamais un contact physique et journalier avec les pierres. En les rencontrant concrètement au quotidien, vous vous offrirez véritablement la possibilité d'apprendre et de vivre ce qu'elles peuvent vous apporter !

La beauté des pierres ne fait que montrer à l'extérieur ce qu'elles ont à offrir... Plus qu'à la fin d'un livre, vous voici donc plutôt dans la continuité ou au début d'une aventure unique, avec quelques clés supplémentaires ! Qui sait, peut-être serez-vous celle ou celui qui sèmera à son tour des cailloux sur le chemin des autres en partageant votre expérience ?

Loin de prétendre à l'exhaustivité ou à la vérité, nous avons écrit ces mots avec passion. Notre propre expérience avec les pierres nous permet de persévérer dans la pédagogie, et ce, malgré le challenge d'essayer de sensibiliser les gens à la dimension vibratoire des pierres dans un pays où l'éducation collective nous a coupés de notre essence et donc de nos ressentis.

Mais le temps et l'évidence auront raison de ces carcans. L'ouverture est palpable. Nous sommes donc heureux d'avoir humblement contribué à l'édifice de la conscience qui émerge de l'interaction présente entre l'être humain et la Nature.

POUR EN SAVOIR PLUS...

OÙ TROUVER DES PIERRES

Boutiques Cristaux & Couleurs

Site Web : www.cristaux-couleurs.com
74, rue du Cherche-Midi, 75006 PARIS
Tél. : 01 43 27 69 42
e-mail : lithoexpertcc@gmail.com

34, rue de la République, 24200
SARLAT-LA-CANÉDA
Tél. : 05 64 10 04 96
e-mail : lithoexpertcc@gmail.com

Site : www.le-theme-de-cristal.com
Site : www.les-pierres-du-theme-de-cristal.com

FORMATION PROFESSIONNELLE

Formations délivrées par Daniel Briez
Thème de cristal, Chromotem, Couleurs, Parfums de couleur et Lithothérapie
DB Consulting Tél: 06 80 18 76 96
email: briezdaniel1313@gmail.com

Formations Cristaux et Couleurs

Tél: 06 76 55 48 08

email: formations.cristaux.couleurs@gmail.com

Pour réaliser votre Thème de Cristal® en ligne

www.le-theme-de-cristal.com
(attention aux contrefaçons !).

Blogs de Daniel Briez

https://danielbriez.com
https://www.parfums-de-couleur.com/blog

Sites de Daniel Briez

Formations: www.briez-daniel-formation.com
Parfums de couleur:
www.parfums-de-couleur.com
Chromotem: www.chromotem.com
Thème de cristal: www.le-theme-de-cristal.com
www.les-pierres-du-theme-de-cristal.com

Site de Wydiane Khaoua

www.cristaux-couleurs.com

CONTACTER LES AUTEURS

Daniel Briez : briezdaniel1313@gmail.com
Wydiane Khaoua : wydianek@gmail.com

TABLE DES MATIÈRES

LES PIERRES

Cet ouvrage est composé de matériaux issus de forêts bien gérées certifiées FSC®, de matériaux recyclés et de matériaux issus d'autres sources contrôlées.

FSC www.fsc.org
MIXTE
Papier issu de sources responsables
FSC® C007507

Achevé d'imprimer en février 2022 par Graphycems
Dépôt légal : mars 2022

Imprimé en Espagne